**COLLECTION
FOLIO/ESSAIS**

Alice Becker-Ho

Les Princes
du Jargon

Gallimard

*Ce livre est publié chez Gallimard
par les soins de Jean-Jacques Pauvert.*

© *Éditions Gallimard, 1993.*

La première édition des *Princes du Jargon* a paru
chez Gérard Lebovici, Paris, 1990.

LES ESSAIS EN FOLIO ESSAIS

(extrait du catalogue)

ARENDT, Hannah
  La crise de la culture (n° 113)
ARON, Jean-Paul
  Les modernes (n° 44)
ARON, Raymond
  Démocratie et totalitarisme (n° 69)
  Dix-huit leçons sur la société industrielle (n° 33)
BEAUVOIR, Simone de
  Le deuxième sexe (n°ˢ 37 et 38)
BECKER-HO, Alice
  Les Princes du Jargon (n° 263)
BENDA, Julien
  Discours à la nation européenne (n° 209)
CAILLOIS, Roger
  L'homme et le sacré (n° 84)
  Les jeux et les hommes (n° 184)
  Le mythe et l'homme (n° 56)
CAMUS, Albert
  L'envers et l'endroit (n° 41)
  L'homme révolté (n° 15)
  Le mythe de Sisyphe (n° 11)
CIORAN
  De l'inconvénient d'être né (n° 80)
  Histoire et utopie (n° 53)
  Syllogismes de l'amertume (n° 79)
CROCE, Benedetto
  Histoire de l'Europe au XIXᵉ siècle (n° 259)
DEBRAY, Régis
  Le pouvoir intellectuel en France (n° 43)
  Vie et mort de l'image (n° 261)
DUVERGER, Maurice
  Introduction à la politique (n° 23)

ELIADE, Mircea
- *Aspects du mythe* (n° 100)
- *Initiation, rites, sociétés secrètes* (n° 196)
- *Le mythe de l'éternel retour* (n° 120)
- *Mythes, rêves et mystères* (n° 128)
- *La nostalgie des origines* (n° 164)
- *Le sacré et le profane* (n° 82)
- *Techniques du Yoga* (n° 246)

FERRY, Luc et RENAUT, Alain
- *La pensée 68* (n° 101)

FINKIELKRAUT, Alain
- *La défaite de la pensée* (n° 117)
- *La mémoire vaine* (n° 197)
- *La sagesse de l'amour* (n° 86)

FOUCAULT, Michel
- *Raymond Roussel* (n° 205)

GANDHI
- *Tous les hommes sont frères* (n° 130)

GUÉNON, René
- *La crise du monde moderne* (n° 250)

HAGÈGE, Claude
- *L'homme de paroles* (n° 49)

ISTRATI, Panaït
- *Vers l'autre flamme* (n° 57)

JÜNGER, Ernst
- *Approches, drogues et ivresse* (n° 166)
- *Le mur du Temps* (n° 249)

KRISTEVA, Julia
- *Étrangers à nous-mêmes* (n° 156)
- *Histoires d'amour* (n° 24)
- *Soleil noir* (n° 123)

LABORIT, Henri
- *Biologie et structure* (n° 74)
- *Éloge de la fuite* (n° 7)
- *La nouvelle grille* (n° 27)

LE CLÉZIO, J. M. G.
   L'extase matérielle (n° 212)
   Le rêve mexicain ou La pensée interrompue (n° 178)
LEIRIS, Michel
   Brisées (n° 188)
   Zébrage (n° 200)
LEVI, Primo
   Le métier des autres. Notes pour une redéfinition de la culture (n° 193)
LÉVI-STRAUSS, Claude
   Race et histoire (n° 58)
LIPOVETSKY, Gilles
   L'empire de l'éphémère (n° 170)
   L'ère du vide (n° 121)
MEMMI, Albert
   La dépendance (n° 230)
MENDRAS, Henri
   La Seconde Révolution française, 1965-1984 (n° 243)
MESCHONNIC, Henri
   Modernité Modernité (n° 234)
MILOSZ, Czeslaw
   La pensée captive. Essai sur les logocraties populaires (n° 108)
NEILL, A. S.
   Libres enfants de Summerhill (n° 4)
QUENEAU, Raymond
   Bâtons, chiffres et lettres (n° 247)
RÉDA, Jacques
   L'improviste. Une lecture du jazz (n° 143)
ROSSET, Clément
   Le réel et son double (n° 220)
SARDUY, Severo
   Barroco (n° 167)
SARTRE, Jean-Paul
   Réflexions sur la question juive (n° 10)
SERRES, Michel
   Le Tiers-Instruit (n° 199)

SERVIER, Jean
  Histoire de l'utopie (n° 172)
SOLLERS, Philippe
  Improvisations (n° 165)
  Théorie des Exceptions (n° 28)
STEINER, George
  Dans le château de Barbe-Bleue. Notes pour une redéfinition de la culture (n° 42)
  La mort de la tragédie (n° 224)
  Réelles présences. Les arts du sens (n° 255)
TOFFLER, Alvin
  Le choc du futur (n° 50)
  La Troisième Vague (n° 96)
VALÉRY, Paul
  Regards sur le monde actuel et autres essais *(n° 106)*
WEIL, Simone
  L'enracinement (n° 141)
YOURCENAR, Marguerite
  Sous bénéfice d'inventaire (n° 110)
  Le Temps, ce grand sculpteur (n° 175)

« O tchor ay e kurva tchi purin pe »

PRÉFACE À LA DEUXIÈME ÉDITION

Les Princes du Jargon a paru en septembre 1990. J'y ai prouvé que la venue des Gitans dans l'Europe du XVe siècle, qui coïncidait avec la formation d'un argot spécifique des classes dangereuses organisées, n'était pas restée sans influence sur ce phénomène. J'ai montré qu'un tel langage secret, volontairement travesti, avait été forgé d'abord à l'aide de la langue parlée par les Gitans ; au lieu de dériver, comme on l'avait longtemps soutenu, de différents patois nationaux. Dans cet argot qui est attesté en France depuis plus de cinq siècles, n'étaient réellement admises qu'une vingtaine d'étymologies *romani*. J'en ai fait apparaître plus de cent autres ; pour trois ou quatre d'entre elles, tout au plus, une autre origine est possible.

L'importance qualitative de la découverte n'a échappé à personne. Mais M. Marcel Cortiade, seul, par une note de lecture publiée dans *Études tsiganes* (n° 4/1990) a cru devoir émettre quelques réticences étranges. M. Courthiade, qui n'est pourtant pas un enfant de chœur, se donne l'air de n'avoir pas compris de quoi j'ai parlé. Il biaise en fuyant le terrain, et conclut que cela n'est pas « vraiment une révélation [...] plusieurs auteurs et notamment Frédéric Max — d'ailleurs cité à l'occasion, ont déjà établi le rapport, mais d'une manière trop limitée aux yeux de l'auteur ». Il insinue simultanément que c'est même faux : « On trouve aussi des contrevérités flagrantes comme celle de la fixité des argots ou encore de la filiation directe entre la romani et l'argot*. » Enfin, il lui faut prétendre avec une égale fermeté que tout cela était *déjà* démontré : « En fait, les travaux de Peter Bakker ont récemment éclairé d'un jour nouveau et d'une façon rigoureuse et fiable les rapports entre romani, caló, argot des voyageurs, éléments tsiganes des argots et argot en général. » Un si honnête expert pourrait applaudir avec un enthousiasme égal la recherche qui mettrait en évidence que, dans tout le champ de la francophonie, le fonds linguistique commun est bel et bien le français. Mais George Borrow, dès avant 1841, avait recueilli « several vocabularies of various dialects of the Gypsy tongue, made by him in different countries ». Peut-être ne reconnaîtrait-on plus aujourd'hui à Borrow cette rigueur et cette fiabilité que garantit l'usage d'un ordinateur ?

M. Courthiade n'est pas plus naturel lorsqu'il veut rendre compte de la partie lexicale. De la « liste de 130 termes argotiques avec essai d'étymologie romani », il distingue trois types : « Ceux dont la filiation est confirmée [...] ceux où la suggestion de l'auteur présente une nouveauté intéressante [...] ceux qui relèvent de la plus haute fantaisie. » M. Courthiade se garde bien de dire

---

* C'est en effet le point principal que j'aurai affirmé ; et que M. Courthiade aura nié, en 1990.

lesquels, ou même de préciser le rapport numérique entre eux. On connaît le nombre des filiations confirmées (une vingtaine), ce sont les plus transparentes. Mais en face de ce qu'il veut bien juger intéressant ou relevant de la plus haute fantaisie (« la plupart »), M. Courthiade dévoile maladroitement ses propres suggestions, inintéressantes et sans grande fantaisie : *dèche* ne serait que l'abréviation de déchéance, et *crèche* une métaphore pour maison ! Ce manque de sérieux attache à la critique de M. Courtiade (*kedesavó*...) une odeur de désinformation sur commande.

M. Courthiade exprime, pour finir, sa plus authentique déception : « L'absence de bibliographie est une des lacunes de cette étude. » Et voilà bien ce qui gêne. La fastidieuse bibliographie en fin d'ouvrage, augmentée de l'inévitable index, prouve aujourd'hui, à elle seule, chez les universitaires ou ceux qui veulent s'en donner le genre, le « métier » d'un auteur. Ceux qui donnent des bibliographies n'ont généralement pas lu les livres, et ces bibliographies sont là à l'usage de ceux qui ne les liront pas davantage. Elles prouvent tout au plus que l'ordinateur a été massivement informé ; elles sont la caution obligée de toute recherche pour paraître sérieuse. Or, dans tous les ouvrages traitant d'un même sujet, à partir des mêmes sources, on retrouve inlassablement, et plus ou moins bien paraphrasées, les mêmes informations, souvent avec les mêmes mots répercutés à l'infini. Ce qui a été établi par d'autres, sournoisement admis, réapparaît comme autant de trouvailles, sans guillemets ni références, et le plus souvent sans faire avancer les connaissances sur le sujet. Mais cela permet d'étendre quantitativement, à très peu de frais, le champ de l'information incritiqué, sans se risquer à juger la valeur qualitative de chaque élément évoqué, ni la pertinence de l'usage qui en est fait dans l'ouvrage propre de son « inventeur ».

Mes sources, au contraire, sont clairement citées, sans donc qu'il puisse y avoir là aucune ambiguïté ; et j'ai même choisi de composer directement à partir des citations originelles, dont tout le monde pourra ainsi connaître les auteurs. Et je conserverai cette forme sur tous les points où je n'aurai pas apporté d'élément particulièrement nouveau, aux plans historiques ou linguistiques. Quant à la méthode, ceux qui pourraient la comprendre ne penseraient certainement pas à aller la chercher dans une bibliographie.

Les véritables prédécesseurs de cet ouvrage sont Georges Guieysse et Marcel Schwob, dont on a fini par admettre, mais avec beaucoup de mauvaise grâce et de retard, les découvertes définitives et incontestées : d'une part sur les procédés artificiels dans la formation de l'argot et, d'autre part, sur le jargon des Coquillards. Les philologues de l'époque voyaient déjà d'un mauvais œil une hypothèse qu'ils n'avaient pas envisagée ; ou qu'ils ne souhaitaient pas retenir. Il suffit de donner l'exemple de l'allusion expéditive et désinvolte faite par Lazare Sainéan dans sa préface à *L'Argot ancien* (Paris, 1907) : « Si l'on fait abstraction des documents relatifs à l'argot, il n'y a, dans cette stérile abondance, que deux travaux qui méritent d'arrêter le linguiste : les *Études de philologie comparée sur l'argot* de Fr.-Michel (1856) et l'*Étude sur l'argot français* de Marcel Schwob et Georges Guieysse (1889) [...]. La monographie de Marcel Schwob est surtout précieuse par l'esprit qui l'anime. Elle complète l'œuvre de Fr.-Michel sur plus d'un point, tout particulièrement du côté imaginatif, en exposant avec précision les règles des procédés artificiels, familiers à l'argot moderne [...] toutes ces qualités ne doivent pas nous dissimuler les hardiesses d'une analyse souvent aventureuse et surtout le péril qu'il y a à transporter dans le passé des tendances qui caractérisent exclusivement l'argot moderne. Au travail (publié dans le septième volume des *Mémoires de la Société de Linguistique*) il faut ajouter les deux articles sur le jargon des Coquillards (parus dans le même volume), irréprochables comme documentation et comme méthode, mais restés à l'état de fragment. » En 1912, Sainéan dédiait, cette fois, ses *Sources de l'argot ancien* « A la mémoire de Francisque Michel et Marcel Schwob, initiateurs des études argotiques ». La collaboration de M. Pierre Champion à ce deuxième volume n'y était peut-être pas étrangère. Cette œuvre qui rassemblait pour la première fois quatre siècles de littérature et de documentation argotiques a été par la suite, bien sûr, abondamment pillée.

Dans ces milieux spécialisés, une autre particularité est la facilité avec laquelle on peut se renier. Dans son — à bien des égards — remarquable *Dictionnaire historique des argots français* (Éd. Larousse, 1965), Gaston Esnault admet finalement, entre autres, l'« Etym. Romani » de MISTO, MICHTO après l'avoir hautement rejetée dans un article qu'il consacrait aux « Ciganismes en français et gallicismes cigains » paru en 1935 dans le *Journal of the Gypsy Lore Society* : faisant, dans les deux cas, autorité en la matière. Les bénéficiaires de son héritage ne l'en traiteront pas mieux pour autant. Entre tous les dictionnaires d'argot que l'on réédite à présent, reste épuisé « notamment le plus fiable, celui de Gaston Esnault que le *Larousse de l'argot* vient aujourd'hui remplacer », annonce cyniquement Denise François-Geiger dans l'introduction de ce dernier ouvrage (Paris, 1990). On reconnaît là le ton d'un Duby, dont la seule supériorité sur Marc Bloch a été d'entrer au Collège de France, quand il était devenu si vulgaire d'y entrer (cf. sa préface à la réédition d'*Apologie pour l'Histoire*, A. Colin, 1974*).

On a pu vite mesurer l'effet des *Princes du Jargon* sur les risibles universitaires argotologues. Venus de la linguistique structuraliste, nuance Guiraud, ils ne connaissent évidemment ni le « milieu », ni l'argot, et préfèrent donc mettre l'accent sur le *plus récent* argot qui est à leur portée : le parler branché des lycéens (leurs enfants en général, auprès desquels ils vont s'instruire). C'est donc l'autre pôle de l'argot qu'ils veulent privilégier : la créativité du langage populaire. « L'argot n'est pas simplement l'instrument pauvre et misérable du peuple et des truands, bref de la canaille, mais quelque chose qui est savoureux et revigorant sous ses formes anciennes comme sous ses formes actuelles. » De là à se substituer au langage populaire lui-même, il n'y a qu'un pas que franchissait allégrement en décembre 1990 le CEPLAFE (Centre d'Étude du patrimoine linguistique des argots francophones et étrangers). Ce CEPLAFE s'est alors illustré, avec la caution de quelques argotiers choisis,

---

* Qui constituait la septième édition. Une huitième édition vient de paraître (1991) sans l'odieuse préface ; et aussi sans les subsides qui l'accompagnaient, peut-on y lire.

en entreprenant de créer de l'argot. L'expérience fut concluante. Cela a donné, par exemple, « écrevisse » pour écrivain. On retrouve ainsi, inversée, la méthode même que ces gens appliquent face à une étymologie qui leur est obscure : *dèche*, abréviation de déchéance, ou bien *épingler* métaphore pour attraper, etc. Un enfant de cinq ans parle cet argot-là.

Mon pôle se trouve à l'opposé. Je n'ai traité que du langage effectivement utilisé par des classes dangereuses, même si celui-ci, pour des raisons sociales évidentes, est en partie passé dans le langage populaire, à Paris tout particulièrement, embelli des métaphores que l'on sait.

Dans la présente édition, le lexique est enrichi de trente mots nouveaux ; mais surtout mon étude se voit étendue et confirmée par une observation internationale. L'observation se trouve forcément limitée aux langues étrangères que je peux connaître. Mais déjà ces preuves supplémentaires devraient mettre fin à toute discussion.

(novembre 1992)

Une chaire d'argotologie a été créée à la Sorbonne en 1986, dit-on. On y traite de « la thématique incitative à l'emploi de l'argot », des « jargons, technolectes et argot commun », de « prises de paroles codifiées et transgressives », etc. L'École des Langues orientales dispense, elle, depuis plus de vingt ans, des cours de tsigane.

Le royaume fermé de l'argot, c'est-à-dire un langage clos et le champ social où il est parlé, a inspiré, inspire encore, bien des écrivains. Il est un défi aux linguistes qui y déploient leurs talents. Quant aux Gitans, dès leur apparition en Europe, ils ont suscité la curiosité générale, sans jamais l'épuiser. Les sciences dites humaines ont pris la relève dans la recherche pluridisciplinaire, avec leur cortège de linguistes, tsiganologues, ethnologues, sociologues, dialectologues, folkloristes et autres. Mais il faut savoir dans quelles circonstances, en quels temps et en quels lieux, ces deux mondes de la marginalité se sont formés. Si l'on a beaucoup écrit, et très souvent n'importe quoi, sur ces deux phénomènes, on ne les a pas comparés. On ne les a même jamais rapprochés.

« C'est dans les témoins malgré eux que la recherche historique, au cours de ses progrès, a été amenée à mettre de plus en plus sa confiance », dit Marc Bloch dans son *Apologie pour l'Histoire*. Les documents qui témoignent des secteurs troubles de la société, du fait même de leur marginalité particulière, sont évidemment peu nombreux, indirects, tardifs. Mais ils éclairent et confirment ce qui, sans eux, aurait pu passer pour une coïncidence dans la période de leur apparition. Mais justement le langage utilisé dans ces *milieux* constitue un témoignage éclatant des rapports qui ont existé entre les Gitans et les classes dangereuses; et cela dès leur commencement quand se dissout la société du moyen âge. Les choses qui ne doivent pas être trop lourdement expliquées, la connaissance historique permet de les suggérer, dans l'éclairage exact qui leur convient.

*

Si l'argot, au sens de langage secret, a existé dans différents temps et différents pays, on s'accorde pour lui donner comme origine historique, en France, le jargon du XVe siècle. « Au milieu du XVe siècle et pendant les décennies qui suivent, apparaissent en France, toujours plus fortes, de grandes bandes qui comptent plusieurs centaines d'individus et dont l'unique activité est le brigandage, le pillage et le vol. C'est à cette définition que répond la plus célèbre des bandes du XVe siècle — celle des Coquillards — qui, dans les années cinquante, dévastait la Bourgogne et que les autorités de Dijon finirent par découvrir. Une quinzaine d'entre eux (mais on estime que la totalité de la bande atteignait cinq cents ou même mille brigands) tomba aux mains de la milice [*sic* dans la traduction de Daniel Beauvois] et finit au gibet. Mais l'un d'eux, pour sauver sa tête, trahit les usages de la bande, son langage secret, le nom des chefs. » (Bronislaw Geremek*, *Les Marginaux parisiens aux XIVᵉ et XVᵉ siècles*.)

« Et est vray commil dit que les dits coquillars ont entreulx un langaige exquis, que aultres gens ne scevent entendre, s'ils ne l'ont reveley et aprins par lequel langaige ils cognoissent ceulx qui sont de ladite Coquille et nomment proprement oudit langaige tous les faicts de leur secte [...] lequel a été revele a luy depuis qu'il s'est faingt être fin comme eulx. » (Déposition de Perrenet le Fournier au procès des Coquillards.)

« Quand François Villon quitta Paris, il y avait sur les routes de France les plus mauvais garçons qu'on pût rencontrer. Le Traité d'Arras de 1435, la trêve anglaise de 1444, l'organisation des Compagnies d'ordonnance, n'avaient pas fait l'affaire des hommes d'armes qui, cassés aux gages, devinrent aussitôt larrons. Décimés en Alsace, en Bourgogne, les écorcheurs, les bandes de mercenaires étrangers, Espagnols, Lombards et Écossais, avaient laissé un peu partout des enfants perdus. Des gens d'armes, qui savaient ne pouvoir être admis dans les Compagnies régulières, se firent voleurs et épieurs de chemin. De

---

* « Il est aussi possible, dans la perspective des siècles, de considérer les marginaux du Moyen Age comme préfigurant la formation du futur salariat de l'industrie : cette classe à venir s'esquisse en eux *in statu nascendi*. » Spécialiste de ces questions, et dans la logique de cette perspective historique, M. Geremek est, lui, tout naturellement devenu depuis le conseiller d'un gouvernement démo-bureaucratique en Pologne.

mauvais ouvriers qui n'aimaient pas à travailler, des désespérés lièrent connaissance avec eux. Des paresseux qui vivaient dans des maisons de fillettes, passaient leur temps à jouer, à faire de la dépense, et se montraient dans de riches habits; [...] de faux quêteurs [...] des merciers [...] des clercs vagabonds en mal d'argent, tels furent les éléments douteux de la société de ce temps qui lièrent spontanément partie pour l'exploitation des simples. » (Pierre Champion, *Villon, sa vie et son temps*.)

« C'est en 1419 que les premiers groupes tsiganes sont signalés sur le territoire de la France actuelle [...] Le 22 août 1419, des *Sarrasins* étaient apparus dans la petite ville de Châtillon-en-Dombes [...] le surlendemain, cette troupe arriva à six lieues de là, au faubourg Saint-Laurent de Mâcon [...], sous les ordres d'un certain André duc de la Petite Égypte [...] Au cours de cette même année 1419, les Sarrasins circulèrent à travers la Provence [...] En 1421, c'est au tour des gens du Nord de contempler ces représentants d'un monde fabuleux [...] Des bandes égyptiennes parcouraient le Hainaut et faisaient deux séjours à Mons [...] la première fois, quatre-vingts personnes avec André, duc de la Petite Égypte : la seconde fois, soixante personnes, avec Michel, frère du duc André [...] Durant le mois de juillet 1422 [...] une bande plus nombreuse descendait en Italie [...] En août 1427, les Tsiganes apparaissent pour la première fois aux portes de Paris. Ils ont traversé une partie de la France en guerre [...] La capitale est occupée par les Anglais [...] Des bandits pillent toute l'Ile de France. Déjà certaines bandes, dirigées par des ducs ou des comtes *in Egipto parvo* ou *in Minori Egipto*, ont franchi les Pyrénées et poussé jusqu'à Barcelone. La

Provence resta depuis 1419 un des pays de prédilection des Égyptiens. » (François de Vaux de Foletier, *Les Tsiganes dans l'ancienne France*.)

« Vers la fin du xive siècle et le commencement du xve, le théâtre politique des royaumes d'Europe était si rempli de conflits violents et tragiques, que le peuple ne pouvait s'empêcher de considérer la royauté comme une succession d'événements sanguinaires ou romanesques [...] Est-il étonnant de voir les bourgeois de Paris ajouter foi aux récits de royaumes perdus et de bannissements par lesquels des vagabonds cherchaient à exciter l'intérêt et la compassion ? En 1427, une troupe de tsiganes apparut à Paris, qui se faisaient passer pour des pénitents [...] Ils venaient d'Égypte, le pape leur avait ordonné, en châtiment de leur dissidence, d'errer pendant sept ans sans coucher dans un lit. D'abord au nombre de douze cents, ils avaient perdu en chemin leur roi, leur reine et plusieurs des leurs. Comme unique consolation, le pape avait enjoint que tout évêque et tout abbé leur donnât dix livres tournois. » (J. Huizinga, *Le Déclin du Moyen Age*.)

Entre la multitude arbitraire des noms qui, au cours de diverses périodes, ont servi à désigner ces gens — Tsiganes, Zingari, Zingaros, Cinganis, Cigains, Cigognes, Zigeuner, Sarrasins, Tartares ou Tatars, Grecs, Égyptiens, Gitans, Gitanos, Gipsies, Biscayens, Beurdindins, Nubiens, Boesmes, Bohémiens, Boumians, Manouches, Sinti, Rabouins, Romani, Romanichels, Romagnols, Camelots, Camps-volants, Calourets, Caquets, Caraques, Cascarots, Voyageurs, Endormeurs, Arnaqueurs, Fils du vent, etc. —, nous préférerons celui de *Gitans*, simplement parce que c'est ainsi que, de nos jours, ils se présentent plus volontiers eux-mêmes. Il reste entendu que la seule appellation scientifique de ce peuple (qui englobe les différentes sous-ethnies ou *Rassa*), et de sa langue, est *Rom* : ce qui ne veut rien dire d'autre qu'« Homme ».

« Une première constatation s'impose : les argots sont toujours spéciaux à des professions ambulantes et exercées en commun, en entendant "profession" au sens sociologique et en comprenant sous ce terme les métiers réguliers et les métiers inavouables, comme celui de malfaiteur [...] Un argot se développe dans une région où se fait sentir l'influence de langues étrangères [...] Est-ce un hasard, à une époque où foisonnaient les associations de brigands, de routiers, etc., si l'argot n'apparaît que dans ce couloir historique de la Saône qui a servi de tout temps de passage aux armées, aux migrations des peuples, comme aux transits commerciaux [...] Le *canut* de Lyon, propre aux ouvriers en soie — et qui s'est amalgamé peu à peu avec la langue populaire — n'offre pas, au contraire, de caractères argotiques [...] Remarquons que les *canuts* ont toujours été essentiellement sédentaires. » (Albert Dauzat, *Les Argots de métiers franco-provençaux.*)

Le géographe Sébastien Munster (mort en 1552), « n'éprouve aucune sympathie pour ces nomades, auxquels il reproche des habitudes de mendicité et de larcins et l'absence d'une véritable religion ; il s'indigne de les voir accepter dans leurs bandes des aventuriers des pays qu'ils traversent ». Ils l'intéressent toutefois « pour leur don des langues », précise l'historien Vaux de Foletier, qui note également que « déjà, des érudits essaient de percer le mystère de la langue qui, pour Munster, n'était qu'un jargon incompréhensible, forgé comme l'argot des classes dangereuses, comme le Rothwelsch allemand ».

« Par un remarquable phénomène de parallélisme, tandis que l'argot français des malfaiteurs se formait et se reformait dans le grand couloir de la Saône et du Rhône, l'argot italien, dit *furbesco* [...] qui apparaît à la même époque que le jobelin (XVe siècle), en Toscane, puis en Vénétie, trahit par sa physionomie des caractères qui le rattachent à la région lombarde : autre importante voie de passage, symétriquement placée par rapport aux Alpes, et soumise à diverses influences [...] Comme la France, l'Espagne a connu successivement deux jargons distincts : le premier, la *germanía* (langue des frères) [...] a dû se former dans le nord-est de la péninsule [...] L'argot moderne, ou *caló* [...] s'est reformé, vraisemblablement dans la région andalouse, par un contact prolongé avec les *gitanos* et leur langage. Ce même caractère est accusé par le *calão*, argot moderne des malfaiteurs portugais, qui a subi antérieurement une forte pénétration française [...] Un dernier cas des plus topiques — sans sortir du domaine roman — nous est fourni par l'argot roumain des malfaiteurs. La Roumanie est le carrefour où se croisent les influences slaves et magyares, sans compter le rôle considérable des groupes israélites et des éléments bohémiens. » (Dauzat, *op. cit.*)

En Angleterre, c'est le *cant* : « the "secret" speech of the underworld » (E. Partridge, *Slang and Unconventional English*), plus anciennement *canter, canting* (autour de 1600), qui sera suivi au XVIIIe siècle du *slang* : « the special vocabulary of low, illiterate or disreputable persons », précise encore Partridge. Nous savons que les premiers Gitans sont signalés en Angleterre dès 1430, et en Écosse aux alentours de 1500.

Dans son *Étude sur le Jargon des Coquillards en 1455*, Marcel Schwob, traitant des sources du jargon au XVe siècle, voit dans les pièces du procès des Coquillards, la source « la plus importante de toutes celles du XVe siècle (les ballades en jargon de Villon exceptées), et par le nombre des termes et par les détails donnés au cours de la procédure ». L'instruction, datée du 3 octobre 1455, expose les circonstances. « Le cas est tel : depuis deux ans ença ont repairie et repaierent en ceste ville de Dijon plusieurs compaignons oizeux et vaccabundes [...] et s'appellent, iceulx galans, les Coquillars. »

« La présence des merciers parmi les Coquillards est d'autant plus significative que ces marchands disposent d'une singulière organisation corporative, qui dépasse les cadres locaux — ce qui est d'ailleurs normal étant donné le caractère de leurs activités. Ils jouissent donc d'informations très nombreuses. Ils emploient un langage spécial et cultivent quelques coutumes ésotériques. Par ailleurs, le commerce ambulant attire souvent des malfaiteurs, des vagabonds de toute sorte, des joueurs professionnels — parmi les articles de mercerie se trouvent aussi les cartes et les dés. » (B. Geremek, *Truands et misérables dans l'Europe moderne (1350-1600)*.)

« La fin de la guerre de Cent Ans, qui fut, par ses aspects politiques et sociaux, un drame pour l'Occident tout entier, a ranimé partout l'économie européenne, rouvert les sources de nouvelles richesses. Voilà pourquoi ces mondes corporatifs se mettent à l'unisson, pourquoi ils se montrent à la fois plus efficaces contre autrui et plus calmes au-dedans de leurs propres frontières [...] Même ces travailleurs d'un genre spécial, les coquillards, et autres malandrins de diverses obédiences — imitant, du reste, leurs congénères des pays musulmans — ne se donnent-ils pas alors des chefs, codifiant les méthodes du vol, établissant une hiérarchie des maîtres, de compagnons et d'apprentis [...]? Il y a une mode corporative, plus, un façonnement des esprits. L'instinct du coude à coude, le besoin de sécurité assurent à la communauté ses chances de vivre : on cherche en elle un refuge qu'elle est effectivement [...] Ce monde des corporations, sur un plan modeste sans doute, mais tout comme l'ensemble de la société française, il aborde le XVIe siècle, ce siècle de l'individu et de l'argent. » (E. Coornaert, *Les Corporations en France avant 1789*.)

> Quant les nobles usent de marchandises,
> Quant les armes ne veullent plus servir,
> Quant laboureurs veullent porter devise,
> Quant commerce si veult enorgueillir,
> Quant les marchands commencent à mentir,
> Quant robeurs ont reigne en terre et en mer,
> Quant chascun veult son voisin surmonter,
> Quant en conseil faveur est essaulcié,
> Quant les prescheux font mal et dient bien,
> Quant advocatz ont tout en leur baillie,
> Que vault le monde? — Hélas, il ne vault rien!

Citée par Pierre Champion, cette ballade (ms. Lansdowne, *Br. Museum*) résume assez bien l'esprit du temps où vécut Villon.

En 1597, Bonaventure Vulcanius, professeur à l'Université de Leyde, reproduisait dans une étude sur divers idiomes *(De literis et lingua Getarum sive Gothorum. Item de notis Lombardicis quibus accesserunt Specimina variarum...)* une liste établie par le philologue Joseph Scaliger (1540-1609) de « la langue des Nubiens nomades qui, comme des vagabonds, parcourent le monde entier, stationnent au hasard [...] Ces notes sur un peuple et une langue peu connus ne seront pas sans intérêt pour les linguistes ». Ce premier lexique tsigane-latin contient soixante et onze mots, restés quasiment inchangés à ce jour.

En 1596, l'imprimeur lyonnais Jean Julieron publiait pour la première fois un petit livret : *La Vie généreuse des mercelots, gueux et boesmiens, contenant leur façon de vivre, subtilités et gergon [...] Plus a été adiousté un dictionnaire en langage blesquien, avec l'explication en vulgaire [...]*, par M. Pechon de Ruby. « *La Vie généreuse* démarque, pour la première fois dans un livret français, les textes germaniques qui visaient à prévenir contre les tromperies des faux mendiants, en particulier le *Liber vagatorum* qui circulait en manuscrit à la fin du XVe siècle [...] C'est ainsi qu'à la fin du *Liber vagatorum*, un vocabulaire *Rotwelsch* énumère 207 termes dont sont censés user les mendiants pour appeler "certaines choses au moyen de mots couverts". » (R. Chartier, *Figures de la gueuserie*.)

« De la fin du XVIe siècle à la fin du XIXe siècle [...] la

Bibliothèque Bleue a constitué, pour la majorité de la population, le moyen le plus commun d'accéder à la culture écrite. Dans l'histoire de l'imprimerie et de la lecture, c'est sans conteste la formule éditoriale qui a connu le succès le plus long et le plus massif, et fait circuler partout des dizaines de milliers d'exemplaires [...] C'est à partir du réseau solidement implanté dans les capitales provinciales et à Paris que d'innombrables colporteurs répandent avec d'autres merceries la foule croissante des petites brochures. » (D. Roche, *Les Livrets bleus*.)

« Peut-être est-ce dans le colportage qu'il faut voir la véritable cause de l'alliance qu'établissent ces petits livres entre le langage des merciers et l'argot [...] L'influence de cet opuscule a été si grande que tous les vocabulaires d'argot en dérivent. » (Georges Guieysse et Marcel Schwob, *Étude sur l'argot français*.)

« Les clercs (on entendait alors par clerc tout tonsuré) ont formé, à la fin du moyen âge, la classe par excellence des dévoyés et parfois des vagabonds [...] Souvent leur conduite n'était pas différente de celle des mauvais écoliers [...] Il faut reconnaître aussi qu'on allait à la taverne pour y manger autant que pour y boire ; qu'on s'y rendait pour toutes sortes de transactions [...] Enfin, on était toujours certain d'y rencontrer quelqu'un de ces *clercs de taverne*, hâbleurs qui savent à l'occasion rédiger un acte. » (P. Champion, *op. cit.*)

> Car ou soies porteur de bulles,
> pipeur ou hasardeur de dez,
> tailleur de faulx coings, tu te brusles,

> comme ceux qui sont eschaudez,
> tristes parjurs, de foy vuydez;
> soies larron, ravis ou pilles :
> où en va l'acquest, que cuidez ?
> Tout aux tavernes et aux filles.
>
> (Villon, *Ballade de bonne doctrine
> à ceux de mauvaise vie.*)

« Les archisupots [...] en un mot sont les plus sçavants, les plus habiles marpaux de toutime l'argot, qui sont des Escoliers débauchez, et quelques Ratichons de ces coureux qui enseignent le jargon à rouscailler bigorne, qui ostent, retranchent et reforment l'argot ainsi qu'ils veulent. » (Ollivier Chereau, *Le Jargon ou le langage de l'argot reformé*, 1629.)

« Sans aucun doute les procédés artificiels généraux ont été imposés à des bandes organisées par une élite intellectuelle de malfaiteurs. » (Guieysse et Schwob, *op. cit.*)

« De l'étape de Rome, si importante pour les Tsiganes, de l'accueil que leur aurait fait le Pape, l'on ne sait rien [...] Ils produiront des témoignages écrits de la protection du Saint-Père [...] ils en useront largement, et durant plus d'un siècle [...] l'on s'est demandé si leur duc [...] ne s'était pas adressé à d'habiles faussaires, pour avoir en main une bulle de belle apparence ou un bref scellé de l'anneau du Pêcheur. » (F. de Vaux de Foletier, *op. cit.*)

« Un mensonge, en tant que tel, est à sa façon un témoignage [...] Or, aussi bien que des individus, il a existé des époques mythomanes [...] Certes, la plupart des faux diplômes, des faux décrets pontificaux, des faux capitulaires, alors forgés en si grand nombre, le furent par intérêt [...] le fait caractéristique n'en demeure pas moins qu'à ces tromperies, des personnages d'une piété et, souvent, d'une vertu incontestées ne craignaient pas de prêter la main [...] La fraude par nature enfante la fraude. » (Marc Bloch, *op. cit.*)

« L'attitude de la fin du moyen âge à l'égard de la superstition, plus particulièrement à l'égard des sorcières et de la magie, est diverse et peu fixe. Les doutes et les interprétations rationalistes alternent avec la crédulité la plus aveugle [...] Louis d'Orléans avait ses maîtres en sorcellerie et nigromance. Il en fit brûler un dont l'art ne le satisfaisait pas. Comme on l'exhortait à demander l'avis des théologiens pour savoir si ces pratiques superstitieuses étaient permises, il répondit : "Pourquoi le leur demander ? Je sais qu'ils me le déconseilleraient, et pourtant j'ai résolu d'agir et de croire de cette manière." [...] Les bourgeois qui se sont laissé lire dans la main par des Tsiganes sont excommuniés, et une procession a lieu pour écarter le malheur que leur impiété pourrait attirer. » (Huizinga, *op. cit.*)

« Les Tsiganes qui traversent l'Europe à partir du XVe siècle doivent justifier leur existence nomade par un but supérieur : à savoir l'expiation de leurs péchés dans un pèlerinage, le nomade est ainsi légitimé en tant que pèlerin et, bien que cette mystification ne perdure pas, elle est très révélatrice des attitudes mentales à son égard. Une fois la crédulité à l'égard de ses fausses lettres de pèlerinage épuisée, les Bohémiens seront traités comme des vagabonds. » (B. Geremek, *Truands...*)

Le mot *voleur* apparaît pour la première fois en 1516 : « Quant au mot voleur, l'ordonnance du roy François premier faite contre eux nous enseigne l'origine, quand elle dit qu'il y avoit de meschants hommes, lesquels faisant semblant de voler l'oyseau, aguetoient des marchands sur les chemins ; si cela n'est vray, il est bien trouvé. » (Pasquier, *Recherches de la France*, livre VIII.)

> Pourquoi larron me faiz nommer ?
> Pour ce qu'on me voit escumer
> En une petiote fuste ?
> Se comme toy me peusse armer,
> Comme toy empereur je feusse.
>
>   (Villon, *Le Testament*.)

« Les grandes bandes du xve siècle, Coquillards en tête, avaient été détruites et dispersées par une répression impitoyable, le brigandage s'était réorganisé sous de nouvelles formes et avec des éléments nouveaux. Mais avant tout François Ier avait créé la peine des galères (avec la Provence pour point d'attache), remplacées plus tard par les bagnes de Marseille, puis de Toulon. Désormais le foyer de l'argot français s'est déplacé, pour se reporter dans la Provence occidentale, qui devient le centre de ralliement forcé des malfaiteurs. » (A. Dauzat, *op. cit.*)

« Contre les nomades, et particulièrement contre les Bohémiens, la justice devint de plus en plus sévère au cours de la deuxième moitié du xviie siècle [...] Or on constate qu'une partie de la population ne leur est pas hostile. » (F. de Vaux de Foletier, *Les Tsiganes*...)

« Vivant à l'écart, dans le secret, les Romanis avaient conservé au cours des siècles leur identité culturelle [...] En tout cas, il est manifeste que, même d'une façon décousue, les Gitans demeurèrent "en guerre avec la loi" et qu'ils ne poursuivirent pas cette lutte sans alliés. » (Kellow Chesney, *Les Bas-fonds victoriens*.)

« Lors je quittay, mes gueux, et allay trouver un Capitaine d'Égyptiens qui estoit dans le faux bourg de Nantes, qui avait une belle trouppe d'Égyptiens ou Boëmiens, et me donnay à luy [...] Ils ont des meilleures cartes et les plus seures, dans lesquelles sont représentez toutes les villes et villages, rivières, maisons de Gentil-hommes et autres [...] Quand ils logent en quelque bourgade, c'est toujours avec la permission des Seigneurs du pays ou des plus apparens des lieux. » (Pechon de Ruby, *op. cit.*)

En 1682, Colbert déplorait l'impossibilité « de chasser entièrement du Royaume ces voleurs par la protection qu'ils ont de tout temps trouvée et qu'ils trouvent encore journellement auprès des Gentilshommes et Seigneurs justiciers qui leur donnent retraite dans leurs Châteaux et Maisons ».

« La Haute pègre maintenant n'est guère composée que d'hommes sortis des dernières classes de la société ; mais jadis elle comptait dans ses rangs des gens très bien en cour. La plupart d'entre eux, placés par leur position au-dessus des lois, se faisaient une sorte de gloire de les braver. » (Vidocq, *Les Voleurs*.)

« On voit en France, dans le cours du XIXe siècle, l'argot des malfaiteurs cesser peu à peu d'être une langue spéciale et fusionner plus ou moins avec le langage populaire urbain. » (A. Dauzat, *op. cit.*)

« Saisir ce qui est insaisissable, comprendre ce qui échappe au raisonnement. » La documentation littéraire est, pour Louis Chevalier, le « témoignage éternellement présent, qu'il faut cependant savoir écouter. Non dans ce qu'il prétend dire, mais dans ce qu'il ne peut éviter de dire [...] Inséparable de l'évolution des thèmes, est celle des mots ». (L. Chevalier, *Classes laborieuses et classes dangereuses.*)

« Le langage à de telles époques est en effet l'image vraie et l'interprète des succès obtenus ; c'est en lui que les révolutions des arts, des mœurs, déposent tous leurs secrets. » (Théodor Mommsen, *Histoire romaine.*)

On constate, au cours du XIXe siècle, une nouvelle immigration comparable à celle du début du XVe siècle : des Tsiganes arrivent par grandes bandes de l'Europe centrale et de l'Europe orientale (Balkans, Hongrie, Roumanie, Pologne, Russie), des provinces annexées par l'Allemagne, du Piémont. On assiste en même temps à un renouvellement du lexique argotique.

Survenus en Europe occidentale, au moment même où se créaient les classes dangereuses, les « Bohémiens » en France tenaient cette place « privilégiée » qui leur faisait côtoyer à la fois la société « normale » et la société « marginale », sans se fondre dans aucune. La mendicité sous toutes ses formes, la bonne aventure (bonne ferte), le spectacle forain leur permettant d'approcher la première ; la route, les tavernes ou la prison, la seconde.

« L'argot que nous étudions est la langue spéciale des classes dangereuses de la société. Une nécessité impérieuse pousse ce langage à produire. Les mots de notre langue ne sont ni chassés ni traqués. Ceux de la langue verte vivent à peu près avec les représentants de la justice sociale comme les mineurs de l'Arizona avec les Peaux-Rouges Arapahoes [...] L'argot est aussi comme une nation de mineurs qui débarquerait chez nous des cargaisons d'émigrés. » (Guieysse et Schwob, *op. cit.*)

« Telle est la loi qui préside à la naissance de l'argot : nécessité de défense [...] Plus le groupe a besoin de lutter et de se cacher, plus l'argot devient complexe, étendu et organisé. » (Alfredo Niceforo, *Le Génie de l'argot.*)

« Les Tsiganes s'efforçaient de préserver leur liberté en prouvant qu'ils avaient un métier, et même parfois en indiquant un domicile. Quelques-uns, en effet, de-ci de-là, devenaient sédentaires, pendant au moins une partie de l'année. » (F. de Vaux de Foletier, *Les Tsiganes*...)

« Il est difficile d'admettre que des artisans, des paysans-ouvriers aussi honnêtes que les fondeurs, les peigneurs de chanvre, les tailleurs de pierre, etc., aient été en relations suivies avec les organisations de malfaiteurs. Pour un certain nombre de mots, on verra qu'il n'y a pas eu emprunt direct de l'un à l'autre, mais que l'un et l'autre ont puisé à une même source. Mais il n'en est pas toujours ainsi. Et il reste à expliquer pourquoi nous tenons dans les deux catégories d'argots, des procédés identiques de formation, par exemple l'emploi sur une grande échelle (et inconnu au patois) des dénominations dépréciatives, l'extension des adjectifs substantivés, et les déformations de finales. » (A. Dauzat, *op. cit.*) Notons qu'au procès des Coquillards comparaissent deux tailleurs de pierre, un barbier, un bourrelier, un orfèvre et émailleur, et d'autres métiers honnêtes.

« Cette langue des peigneurs de chanvre présente, avec des altérations phonétiques dues au patois local, le fonds de langage argotique du XVIe siècle. Un grand nombre de mots qui s'y trouvent sont identiques aux mots du vocabulaire de Pechon de Ruby. » (Marcel Schwob, *Le Glossaire du jargon de la Coquille*.)

« Dans chaque pays qui possède un argot, ce jargon contient nombre de mots qui diffèrent de la langue de ce pays, et qui peuvent être rapportés à des langues étrangères, tandis que d'autres ont une physionomie telle qu'il semble tout à fait impossible de découvrir leur origine [...] L'on se tromperait étrangement si, comme cela s'est vu plus d'une fois, on le confondait avec la langue des Bohémiens, qui en est véritablement une, tandis que l'argot ne saurait aspirer à cet honneur*. » (Francisque Michel, *Étude de philologie comparée sur l'argot et sur les idiomes analogues parlés en Europe et en Asie*.)

* « En Espagne, le terme de *germanía*, vers la fin du XVIIIe siècle, alterne [...] avec celui de *caló*, à cause de la grande influence exercée alors par cette langue sur le langage des délinquants espagnols. » (Pilar Daniel, *Panorámica del argot español*.)

C'est en comparant l'argot et le vocabulaire gitan qu'on établit le plus certainement les rapports qu'il y eut entre les *voyageurs* et les classes dangereuses de toutes les époques. Les « procédés identiques de formation » évoqués par Dauzat, trouvent souvent leur explication dans le caractère flexionné de la langue gitane. Quant aux patois, dont les linguistes font un grand usage, sans donner plus d'explication, rappelons que leur recensement ne date généralement que du XIXᵉ siècle.

*

Si l'on a, depuis des siècles, dressé assez fidèlement la liste des mots d'argot, il n'en va pas de même pour le vocabulaire gitan, surtout en France. Le peu qui en a paru n'a pas été publié, on s'en doute, par les Gitans, mais sur la base de ce qu'ils ont bien voulu dire, et en réponse aux questions que leur posaient des « *gadje* », par définition *non-affranchis*. On a les réponses qu'on mérite. Des mots ont en outre disparu définitivement, avec des techniques ou des pratiques tombées en désuétude, d'autres ont été remplacés par des synonymes moins transparents, ou plus proches de la langue du pays d'accueil, ou tout au contraire, plus éloignés d'un homonyme qui créait la confusion. Ce sont encore les *gadje* qui en conservent parfois les traces dans leurs archives, toujours rares et pas toujours parlantes.

Louis Chevalier notait, à propos de l'état de la population parisienne au XIXᵉ siècle, et plus précisément de son origine départementale : « Il est certain que la place occupée par les gens originaires du Massif central dans l'œuvre de Balzac et dans celle de la plupart des romanciers du XIXe siècle, ne correspond en aucune manière au pourcentage réel de cette population par rapport à l'ensemble de la population de Paris [...] Il est vrai qu'une étude statistique plus précise, et qui reste à faire, montrerait peut-être que, dans la société limitée que se propose de peindre Balzac, l'immigration méridionale se trouvait être la plus importante. »

De son côté, Vaux de Foletier découvrait que : « parmi les colporteurs, les Auvergnats méritent une mention à part. Au XIXe siècle comme dans l'Ancien Régime, ils ont beaucoup nomadisé, individuellement ou en famille [...] Alors que presque partout dans les campagnes, paysans et Bohémiens ne frayaient guère, beaucoup de colporteurs auvergnats ont contracté des alliances dans des familles manouches. » (*Les Bohémiens en France au XIXe siècle.*) Victor Hugo croyait ainsi reconnaître dans « chourineur » la manière auvergnate de prononcer les fricatives à l'initiale.

« Depuis quelques années, l'argot est devenu une langue morte — je veux dire l'argot des malfaiteurs. Ce langage méfiant est devenu une langue savante qui ne sera guère parlée qu'en Sorbonne où les agrégés ès jobelin ajouteront un nouveau fleuron à leur couronne. Cette couronne ne sera plus la couronne de roses de maître François quand il célébrait, à propos d'un "cassement", le chapeau fleuri de roses de "ses beaux enfants" de Montpipeau [...] Le langage, qu'il soit d'argot ou de pure tradition classique, ne peut pas résister aux transformations de la condition sociale des hommes, surtout quand ces transformations sont celles que nous connaissons présentement. » (Pierre Mac Orlan, *L'Argot et la poésie*, 1952.)

« Si intacte qu'on suppose une tradition, il restera toujours à donner les raisons de son maintien [...] A quelque activité humaine que l'étude s'attache, la même erreur guette les chercheurs d'origine : de confondre une filiation avec une explication [...] C'est déjà en somme l'illusion des vieux étymologistes, qui pensaient avoir tout dit quand, en regard du sens actuel, ils mettaient le plus ancien sens connu [...] Comme si le gros problème n'était pas de savoir comment et pourquoi le glissement s'est opéré. Comme si, surtout, autant que son propre passé, un mot quelconque n'avait pas son rôle fixé, dans la langue, par l'état contemporain du vocabulaire : lequel, à son tour, est commandé par les conditions sociales du moment. » (Marc Bloch, *op. cit.*)

« L'argot est justement le contraire d'une formation spontanée. C'est une langue artificielle, destinée à n'être pas comprise par une certaine classe de gens. On peut donc supposer *a priori* que les procédés de cette langue sont artificiels. » (Guieysse et Schwob, *op. cit.*)

Entre tant d'excellentes citations de gens qui ont su étudier ces sujets, on remarquera tout de suite, comme un coup de pistolet dans un concert, le point de vue d'un imbécile : « L'argot — en tant que langage secret — n'est pas *artificiel* dans ses modes de création lexicale, mais il l'est dans son emploi [...] L'argot contient bien quelques mots d'emprunt, mais en nombre insignifiant [...] Les romanichels, installés en France depuis le XVe siècle, n'ont guère donné que *berge* (année), *chourin* (couteau), *grès* (cheval), *manouche* (bohémien), *sénaqui* (pièce d'or). C'est peu pour quatre siècles qui vont de Villon à Vidocq. » C'est peu surtout pour M. Pierre Guiraud (*L'Argot*), qui n'a découvert, pour sa part, ni ceux-là ni aucun autre, dans ses recherches sur l'argot menées, il est vrai, selon les méthodes de la linguistique structurale. Son « coup de maître » est tout entier dans une étude faite sur *Le Jargon de Villon ou Le Gai Savoir de la Coquille*, par laquelle il a pensé établir que les Coquillards étaient une bande de pédérastes. « Ce qui n'a rien d'étonnant, dit-il, entre gens qui passent le plus clair de leur vie en prison ou en bandes courant le grand chemin. » L'auteur ignore même qu'avant les temps de « l'enfermement », pourtant décrits par un autre structuraliste notoire, on ne passait pas sa vie en prison.

« Ce professeur (un nommé Albert Bayet, probablement normalien) tient une rubrique d'étymologie : la vie et les mots. Il nous explique l'origine du mot *blablabla* en commençant ainsi : "Je ne sais au juste quand il est né." Alors, congre debout, si vous ne savez pas, fermez-la! Le monde entier sait que *blablabla* est une invention de Céline [...] Le pauvre Bayet s'imagine que *blablabla* est issu de blague [...] les soldats auraient l'habitude de conter des histoires au moment où ils tirent leur blague pour fumer, d'où l'habitude d'appeler ces histoires des blagues!... Pénible... » (Albert Paraz, *Le Gala des vaches**.)

* Signalons que *blah-blah* dans l'argot américain signifie « propos creux, paroles pour ne rien dire » (gémination de *blah* : sornettes, fadaises, bêtises). Par ailleurs, *a blah* a le sens, depuis le XVIe siècle, en anglais populaire, de « *an indiscreet talker* ».

« Étudiant la série : *rouan — roussin — bourrique — poulet (d'Inde)*, noms argotiques du cheval, alors monture du gendarme, mais qui désignent très vite uniquement l'agent de la force répressive, et aboutissent à : *bourre, poulet*, puis *perdreau*, M. Guiraud se hasarde à y intégrer "les *hirondelles* ou agents cyclistes qui sont des *poulets* rapides et mobiles." [...] Je suggérerai que ces premiers policiers "mécanisés" furent baptisés par ceux que leur mobilité gênait le plus, du nom du cycle qu'ils enfourchaient, l'"Hirondelle", fabriqué par la Manufacture d'Armes et Cycles de Saint-Étienne. Firme dont le poétique catalogue de l'époque montrait deux de ces gardiens de l'ordre, à pèlerine et casquette plate, prêts à foncer dans le brouillard sur leur monture d'acier premier choix. » (Albert Simonin, dans la Préface à son *Dictionnaire*.) Et pourtant Balzac, usant de l'argot de 1830 qu'il tenait de son ami Vidocq, avait désigné la maréchaussée par le terme d'« hirondelle de la grève » (cf. *Splendeurs et misères des courtisanes*).

« Victor Hugo avait admiré le mot *lancequiner* (pleuvoir) dans la forme pittoresque duquel il retrouvait les hallebardes des lansquenets. » (Guieysse et Schwob, *op. cit.*) Pour Balzac, « Chaque mot de ce langage est une image brutale, ingénieuse ou terrible [...] Qu'est-ce que l'expression *se coucher*, comparée à *se piausser*, revêtir une autre peau ? » Les quelques mots gitans utilisés par Shakespeare dans *La Tempête* et dans *Comme il vous plaira*, avaient soulevé toutes sortes d'interprétations quant à leur origine (latine, italienne, française, galloise ou gaélique) avant qu'on y reconnaisse le *romany*.

On pourrait multiplier les exemples de mots d'argot aux origines « obscures », qui se sont vus ainsi doter d'étymologies fantaisistes et savantes; quand on n'a pas eu recours à des métaphores douteuses. Les métaphores ne sont pas systématiquement à l'origine des mots d'argot, comme certains voudraient le croire. Elles viennent le plus souvent s'y greffer spontanément, par attraction homonymique, et aussi par souci de mémorisation. C'est grâce à cette agilité d'esprit, typique des Parisiens, dans l'association d'idées, que se déclenche, à la manière d'une réaction en chaîne, la pluie des synonymes : « La plupart du temps, c'est à des formations artificielles qu'il faut rattacher les métaphores [...] La langue de l'argot est pauvre d'idées, riche de synonymes; les files de mots sont, pour ainsi dire, parallèles et procèdent d'une *dérivation synonymique* », notaient justement Georges Guieysse et Marcel Schwob.

Les spécialistes ne savent pas qu'avec les preuves évidentes du raisonnement scientifique, il ne faut jamais essayer de toucher au domaine des images. Il va sans dire que l'imagerie chez un truand diffère passablement de celle d'un universitaire. Et les linguistes, qui ne sont pas des poètes, ne craignent pas alors de donner libre cours à toute l'imagination dont ils sont capables. Pierre Guiraud délire au tout premier rang, et conclut : « En fait l'argotier, autant que le peuple, n'emprunte pas; non par manque de contact et de culture, mais, je pense, par une profonde xénophobie [...] Pour en rester au seul langage populaire, celui de l'usine moderne est grossier, platement obscène, bourré de clichés [...] et quant au "milieu", chaque fois qu'on la juge sur des documents, sa langue est veule, ignoble et sans originalité [...] L'homme du *milieu* qui, lui, exploite son entourage, ne prend pas la peine de haïr sa victime ; il l'accable d'un mépris où s'affirment sa propre supériorité et le choix volontaire de sa condition. Tout le long de l'histoire de l'argot, éclate ce mépris universel de l'homme étranger au *milieu*. » Ce dernier point est vrai. On devine, à tant de rancœur, l'accueil qui a dû être fait à ce que ces mêmes argotiers appellent communément un *cave*. L'ethnologue Jean-Pierre Liégeois a bien confirmé cette opinion sur son propre compte, lorsqu'il reproduit, sans y entendre malice, dans *Mutation tsigane*, cet entretien qu'il eut à Montreuil en 1971 avec une Romni Kalderashitsa : « Qu'est-ce que c'est, être intelligent ? (demande l'ethnologue) — C'est comprendre les choses comme elles sont et savoir [...] Mais écoute, tu me poses une question, tu ne peux donc pas reconnaître quelqu'un qui est intelligent ? On le voit dans tout, par exemple toi et moi quand on parle, quand quelqu'un nous regarde, il voit si c'est toi ou moi le plus intelligent. »

Le vocabulaire des Gitans, à partir d'un fonds originel indo-européen d'environ quatre cents mots, qui se retrouve plus ou moins intact dans toutes les variantes dialectales, s'est enrichi, selon les pays traversés, d'un très varié vocabulaire d'emprunt. Jules Bloch relevait que « tous les dialectes tsiganes de l'Europe conservent une forte proportion de vocabulaire apparenté au grec médiéval, supposant un séjour prolongé en terre de parler grec » (in *Les Tsiganes*). Ce vocabulaire emprunté est fait de concepts nouveaux, et de synonymes supplémentaires. On retrouve, appliquées alors, les lois propres à la formation des argots qui, dans le jargon des linguistes, prennent noms d'aphérèse, apocope, attraction paronymique, catachrèse, doublet, épenthèse, épithèse, métaphore, métathèse, métonymie, substitution synonymique ou homonymique, synecdoque, etc. : ce ne sont que les procédés habituels de dépaysement et d'assimilation. Le linguiste yougoslave Saip Jusuf, dans une étude sur *Les Changements de quelques phonèmes dans la formation des mots en langue romani*, observe que : « La métathèse se rencontre dans de nombreux dialectes de la langue romani; c'est une transposition ou une inversion de phonèmes ou de syllabes. On la rencontre dans chaque dialecte et par rapport aux autres dialectes, et par rapport aux langues indiennes anciennes, et par rapport aux langues indiennes modernes. » Guieysse et Schwob en émettaient déjà l'hypothèse en 1889 : « L'argot espagnol contenant beaucoup de bohémien [...], peut-être peut-on voir, dans ce procédé anagrammatique, une influence bohémienne. Les Thugs l'employaient également. »

Rappelons ici que les mots tombés en désuétude au cours des siècles — ou jugés trop transparents —, n'ayant pas eu leurs « lexicologues » pour les recenser, sont à jamais perdus, à moins que ne subsiste en argot, par ces mêmes procédés, leur reflet déformé, et méconnaissable. Le tsiganologue roumain Serboianu écrivait en 1930, à propos des emprunts adaptés en romani : « Même une personne possédant très bien la langue tsigane, ne peut les distinguer qu'avec grande difficulté. »

« Ils n'ont pas de souvenirs écrits [...] C'est déjà une chose assez extraordinaire que le maintien chez eux, depuis plus d'un millénaire, de la langue de leur pays originel et de certaines de leurs traditions coutumières. » (F. de Vaux de Foletier, *Les Bohémiens*...)

« Il n'y a pas de héros légendaires chez les Tsiganes, pas d'histoire concernant l'origine, pas de justification de la vie errante. » (Jan Yoors, *Gypsies*.)

*

Ceux qui parlent l'argot ne connaissent pas la langue *rom*. Les tsiganologues ou les linguistes ne connaissent pas le *milieu*, ni ses lois, et parlent le plus souvent en spécialistes désinformés. Ce double phénomène a longtemps conduit à sous-estimer la part de mots gitans dans l'argot des malfaiteurs. Une quinzaine au maximum, toujours les mêmes, sont admis depuis un siècle. Avec d'autres experts, on pourrait aujourd'hui croire inversement que tout argot va devenir du gitan, sans avoir jamais servi comme argot dans le passé. « Il n'est point de pays fréquenté par les Tsiganes qui n'emploie dans sa langue, de façon courante, plusieurs mots d'origine tsigane. Quant aux argots de ces pays, ils sont devenus parfois des dialectes tsiganes ! Ainsi l'argot de la banlieue parisienne est influencé à environ 80 % par le manouche », déclare M. Liégeois, dont on admirera la précision des pourcentages, que l'on croirait boursiers, dans *Les Tsiganes*. M. Frédéric Max, en 1972, relevait déjà quarante-sept termes, dans un article sur *Les Apports tsiganes dans l'argot français moderne*. Mais en dehors de la quinzaine déjà connue, les autres mots sont de purs gitanismes passés de nos jours dans l'argot des banlieues (tels que *bouillaver*, *couraver, djavo, gadjo, loumni, maraver, mindj, michto, narvalo, pelo, penave, racaver, raklo, rakli, yakhs*, etc.). La jeunesse des banlieues actuelles ne peut certainement pas être tout entière assimilée à une classe dangereuse : elle n'en a presque jamais les activités professionnelles. Cela est donc hors du sujet.

C'est avec la disparition de l'argot comme langage secret, que des mots gitans passent tels quels, sans transformation, dans le parler qui tient lieu aujourd'hui d'argot, et qu'on dit *branché* : au même titre que le simili-anglais, et que les autres sous-langages qui ont cours, largement diffusés médiatiquement, et aussi vite vieillis. Ce seul mot de *branché*, prouve à quel point on est éloigné de l'argot, qui était justement le contraire, c'est-à-dire une langue élitiste. Par l'emploi de l'argot d'autrefois, on faisait reconnaître son appartenance à un certain milieu. Aujourd'hui, on se donne l'illusion de toucher à différents milieux — pub, spectacle, audio-visuel, psy, sport, drogue, politique, intellectuel, loubard, taulard, etc. Le verlan lui-même doit son succès au procédé le plus simple de l'anagramme. L'ancien argot était centripète, c'est-à-dire qu'il était fait essentiellement par et pour les classes dangereuses (lesquelles attiraient, pour leur usage, les vocables annexés en différentes zones). Aujourd'hui qu'il est centrifuge, il sort des chaînes de fabrication médiatiques, pour être diffusé immédiatement et intensément à l'intention de toute la population. Si, autrefois, l'emploi de l'argot était, en ce sens, « aristocratique », il est aujourd'hui « démocratique ». Autrefois, les gens « corrects » ne parlaient pas argot, aujourd'hui c'est un *must* entre mille autres.

« Pour la modernisation comme pour toutes les autres formes de contact [...] le taux de changement d'une société donnée est toujours en corrélation positive étroite avec l'étendue des contacts qu'elle a avec les autres sociétés. » (Wilbert Moore, *Les Changements sociaux.*)

« Ayant vécu sur la frange du monde criminel, certains d'entre eux avaient maintenu des contacts superficiels, mais amicaux, avec quelques représentants de la pègre, et ils purent ainsi plus facilement obtenir leur collaboration pour fabriquer de faux papiers d'identité. Ils jouissaient d'une expérience que les mouvements de la Résistance n'avaient pas encore acquise [...] Au début, les Rom avaient obtenu de la pègre leurs armes et leurs munitions. Plus tard, ce furent les Alliés qui devinrent leurs fournisseurs [...] Les Rom de notre Kumpania jouèrent un rôle actif dans la Résistance jusqu'aux premiers jours d'août 1943. A cette date, beaucoup d'entre eux furent appréhendés par la *Geheime Feldpolizei*. » (Jan Yoors, *op. cit.*)

« La formation de la langue d'argot depuis la fin de la guerre de 1914-1918 est perméable [...] Il faut ajouter à ces apports le produit des internements, pendant la dernière guerre, quand beaucoup de malfaiteurs se rencontrèrent à la promenade avec les Bohémiens de toute catégorie. Quelques mots des manouches et des rabouins, qui soignent les animaux dans les cirques, quelques expressions gitanes, s'associent à la langue traditionnelle des puristes de l'argot. Les documents sur cet apport sont peu nombreux. » (Pierre Mac Orlan, *L'Argot dans la littérature.*)

Pour qu'une langue s'enrichisse d'emprunts faits à une langue étrangère, il faut non seulement qu'il y ait eu contact, mais *pratique* d'une communauté. De nombreux Français ont longuement séjourné en Allemagne durant la dernière guerre. S'ils ont appris quelques mots, ils ne les ont pas pour autant inscrits dans leur propre langue lorsqu'ils sont revenus. C'est que, ni là-bas ni ici, ils n'ont formé à partir de ces circonstances un groupe spécifique, contrairement à l'exemple que nous donne Mac Orlan. Mais celui-ci paraît croire que ce fut en une occasion historique singulière. En fait, l'événement s'est produit cinq cents ans avant la date qu'il a ici retenue.

Le purisme des argotiers est sociologique, et non linguistique. Le mot d'argot ne s'use que sorti de son royaume. Tant qu'il reste réservé, il garde toute sa pureté, et pour cause : c'est un langage secret, signe de connivence qui n'a d'intérêt que pur. Ce ne sont pas les malfaiteurs qui se sont tenus à l'écart des Gitans, mais bien évidemment l'inverse. Les Gitans sont en quelque sorte des affranchis parmi les affranchis (*Kay dikhlan kokalo romano ka l gadje?*)*. « Car aux yeux des Tsiganes aucune amitié véritable n'est possible, en principe, entre un *gadjo* (fut-il *raï*) et l'Homme par excellence, le Rom. » (Luc de Heusch, *A la découverte des Tsiganes*.) La langue du Gitan est la preuve du Gitan. Elle contient son propre « argot », qui n'est évidemment pas dévoilé aux linguistes qui se présentent. Si elle n'était pas en elle-même le prototype de l'argot, elle n'aurait pu conserver pendant plus de cinq siècles l'essentiel de sa structure. Elle n'aurait

* (A-t-on jamais vu un authentique Gitan parmi des gadje?)

pu se permettre, faute d'écriture, les écarts et évolutions phonétiques importants que l'on constate dans tous les autres idiomes, sans y perdre vite son identité. Et c'est justement grâce à cet immobilisme relatif que l'on peut remonter aussi loin avec assurance.

Lorsqu'un élément aussi important que l'existence et le rôle des Gitans dans la formation de l'argot est ignoré, ou même nié, en France plus que partout ailleurs, on tombe successivement dans ces deux erreurs : celle des linguistes qui prétendent le décortiquer et le soumettre aux lois du langage (formation et évolution collectives, inconscientes ou subconscientes, conditionnées par des causes physiologiques, psychologiques et sociales); et celle des gens qui n'y voient que fantaisie individuelle et purement arbitraire. Ceux qui ne connaissent pas, et ne peuvent même pas imaginer chez d'autres, la notion de clandestinité, vont s'expliquer étrangement beaucoup de phénomènes, qui leur paraissent simplement inexplicables. On n'a pas besoin d'être sociologue pour admettre le but cryptologique de l'argot comme moyen de défense collective du groupe; ni poète pour ressentir l'aspect créatif et ludique de ce langage. Mais en tant que tel, il a ses règles propres : il lui faut avoir encore plus de fixité que le langage parlé ordinaire. Il s'agit avant tout de se faire comprendre, et dans des conditions particulières, souvent difficiles*.

* Les *Ballades en Jargon* de Villon en sont la parfaite illustration. Écrites après l'arrestation d'une partie de la Bande des Coquillards, elles constituent autant de mises en garde, pour ceux qui avaient échappé cette fois à la justice, dans un jargon qui n'a pas fini d'intriguer ceux qui n'en ont pas les clefs. La VIe ballade annonce ainsi d'entrée :

> Contres de la gaudisserie,
> Entervez tousiours blanc pour bis.

Quelques mots peuvent évoluer, d'autres prendre un nouveau sens, mais ils restent rares. Ils ont ce point commun avec les patois, qu'ils ne doivent pas trop évoluer pour pouvoir survivre. Le vocabulaire peut s'enrichir, mais les évolutions phonétiques et sémantiques lui sont quasiment interdites. De Heusch a pu ainsi « vérifier que la langue des groupes nomades en 1961 est sensiblement la même d'Istanbul à Paris, alors que les groupes tsiganes sédentarisés depuis plusieurs générations manifestent généralement des signes d'altération qui affectent à la fois la culture et la langue ».

Les Gitans sont notre moyen âge conservé; classes dangereuses d'un autre temps. Les mots gitans passés dans les différents argots sont comme les Gitans eux-mêmes qui, dès leur apparition, ont adopté des patronymes des pays parcourus — *gadjesko nav* —, perdant en quelque sorte leur « identité » sur le papier, aux yeux de tous ceux qui croient savoir lire. « Un pré blanc, des brebis noires, en marchant elles parlent sans cesse mais ne nous connaissent pas. » C'est une devinette des Tsiganes de Roumanie. La réponse, dans leur langue, est *Lil*, le document écrit.

« Aujourd'hui la population tsigane-romani parle un argot anglais (le *pogadi chib*, langue cassée) dont le vocabulaire exotique (venant surtout de la langue romani morte) est employé dans un cadre grammatical et syntaxique anglais », dit Donald Kenrick, linguiste. Ian Hancock, sociologue aux U.S.A., y voit un « créole du XVIe siècle comme langue-pont entre les Romanichels récemment arrivés en Angleterre et les nomades anglais qui se sont joints aux bandes tsiganes ». On trouvait déjà les mêmes caractéristiques dans le *caló* et son abondance de formations hybrides. « Le tsigane finnois contient un nombre surprenant de mots suédois [...] ainsi que des formes de l'ancien suédois, c'est-à-dire la forme vulgaire du XVIIIe siècle [...] L'argot des grandes villes, surtout Stockholm, est très riche en mots d'origine tsigane, bien que sous une forme déformée (*sic*) et banalisée. » (Richard Rayment, linguiste suédois : *La Dégradation de la langue comme une fonction de l'assimilation des Tsiganes.*) C'est seulement leur intégration effectivement réalisée à la société d'aujourd'hui, en la supposant possible, qui amènerait les Gitans à parler l'argot récent de tout le monde.

*

Suit une manière de glossaire, échantillonnage de mots de l'argot français des malfaiteurs qui ont un écho manifeste, pour ne pas dire une origine certaine, dans les parlers gitans d'Europe. De nombreuses étymologies admises depuis longtemps devront être abandonnées.

PRINCIPALES ABRÉVIATIONS

Argot d'Amérique latine : Am. lat.
Argot d'Argentine : Arg.
Argot du Brésil : Bres.
Argot du Mexique : Mex.
Argot espagnol : arg. esp.
Argot de Barcelone : Bar.
Argot australien : arg. austr.
Argot militaire : arg. mil.
Argot (gergo) italien : gerg. it.
Argot de Bergame : gerg. Berg.
Argot de Bologne : gerg. Bol.
Argot de Lombardie : gerg. Lomb.
Argot de Naples : gerg. Nap.
Argot du Piémont : gerg. Piem.
Argot de Rome : gerg. Rom.
Argot de Turin : gerg. Tor.
Argot de Vénétie : gerg. Ven.
Argot de Vérone : gerg. Ver.
Fourbesque : fourb.
Germanía : germ.
Malavita : Malav.
Moyen haut-allemand : m.h.-a.
Vieux saxon : v. sax.
Rotwelsch : Rotw.
Slang américain : slang am.

Littéralement : litt.
Le jargon ou le langage de l'argot reformé (1629) : *Arg. ref.*
Ballades en jargon de Villon : *B.J.*
Chauffeurs d'Orgères (1800) : *Chauff. d'O.*
La vie généreuse des mercelots, gueux et Bohémiens (1596) : *Vie gén.*

    La langue des Gitans n'ayant pas de référence écrite, la transcription des mots reflète la prononciation, elle-même variable d'un dialecte à l'autre, d'une famille à une autre. Nous donnerons la forme qui se rapproche le plus de la prononciation des mots passés à l'argot. Ces emprunts proviennent souvent des flexions nominales (le radical est donné suivi du signe °).

    La lettre *X* s'apparente à un *k* aspiré, proche du son de la *jota* espagnole, inexistant en français.

    La lettre *u* représente le son *ou* en français.

    La lettre *h* suivant une consonne marque une forte aspiration.

ABOULER : donner, mener, porter, apporter, venir,
« abouler de maquiller : venir de faire une chose »
(Vidocq)
av⁰ : venir, arriver
abelar, avelar, abillar, abillelar (caló) : *venir, acudir, llegar*
abillar (Bar.) : porter sur soi, avoir de l'argent

ADJAS (mettre les) : s'enfuir, décamper; jouer du JAJA;
JA ! : Alerte!
dja⁰, ja : aller, s'en aller, disparaître, voyager
chalar (caló) : *ir*; *chal!* : *márchate, vete*
chalar-se (calão) : *fugir*; *chala* : *absolvição*; *chalado* : *idiota (a que se foi o juizo)*
xalem (Bar.) : allons-nous-en; *xalar, atxalar* : aller, fuir
jalar (Am. lat.) : *irse, largarse*
jaw (cant) : *to go*
shove off (slang am.) : décamper
sciancàrsela (gerg. it.) : *fuggire, svignàrsela*
alcha (Rotw., 1490) : *gan (gehen)*

AFFE (eau d') : eau-de-vie (XVIIIe S.); TAFIA, TAHU : boissons fortes
thavdi : eau-de-vie; *thav⁰* : chauffer, cuire
taffia (Malav.) : *pentola*; *taffiamento* : *colazione*
tape (cant) : *strong liquor*; *daffier* : *a gin-drinker*

A JUC : « N'estant a juc la rifflerie » (*B.J.*, v)
atch⁰ : rester, demeurer
adjukerav : hésiter, attendre, patienter, (s') arrêter

ANGE, ANGEL : sergent, prévôt; « De ces angels si graveliffes » (*B.J.*, I)
an⁰, *andel*, *angerav* : emmener, conduire
angelo custode (gerg. it.) : *sbirro, poliziotto, carabiniere*
angelétt (gerg. Tor.) : *id.*
uncle (slang am.) : agent de police, indicateur
contamination de *angush*, *angushti* : doigt (*angustha* : pouce ou doigt du malheur en sanskrit), d'où
angustiao (caló) : *preso*, de *angusti* (caló) : *dedo*; *langustia* : *dedo pulgar*

ARNACHE, ARNACLE, ARNAQUE : tromperie, escroquerie, trahison; police secrète (RENACLE par aphérèse)
nakh⁰avav : faire passer, faire avaler
et *raker⁰av* : parler; *rakerpen* : bavardage
araquerar, anaquerar, raquerar (caló) : *hablar, explicarse, llamar, señalar, proclamar*
nark (cant) : *a police spy, a common informer*; *to nark* : *to watch, to act the informer*
narked (slang am.) : arrêté; *nark it!* : « Ferme-la! »; *to*

nark : moucharder, « en croquer »; *copper's nark* : informateur
norca (Malav.) : *camorrista complice d'inganno nel gioco*

ARQUES : « dez à jouer, ils les appellent les acques » (Procès des Coquillards); « Souvent aux arques [...] se laissent tous jours desbousés » (*B.J.*, III)
anagramme de *ruXa* : dés à jouer
reger (Rotw.) : *Würfel*

BALAI : année (d'âge); gendarme, coup de BALAI : descente de police
balel (adv.) : *en arrière, en dernier, plus tard, suivant*
bal⁰, pal⁰ : *derrière, après*; *paler* : *suivre*; *paludava* : *expulser, chasser*
pall (cant) : *to detect*
palá (caló) : *espalda*

BALLOCHES : testicules
bello : *testicule*
bolas, pelo (germ.) : *testículos, cojón*
pelés (caló) : *testículos*
ballock (slang) : *a testicle*
ballocks, bollocks, bollix (slang am.) : *id.*
balòte (gerg. Ven.) : *testicoli*

BALLON : prison, synonyme de TROU; postérieur. Voir ci-dessous BOL, POULE
bal⁰, pal⁰ : *derrière* (voir plus haut); *paluni, baluni* : *cul*
wallon (Rotw.) : *gendarm*

pollee (gerg. it.) : *il carcere*; *Polla* : *l'antico carcere di Santa Margherita*

BARON : « compère jouant le rôle d'un personnage cossu dans une quelconque escroquerie » (Simonin); riche protecteur (prostitution)
baro : chef, grand, important
baró (caló) : *grande, superior, excelente*; *barolacró* : *mayordomo, procurador*
baranda (arg. esp.) : *jefe, director*
baròn (gerg. Ven.) : *birbone, canaglia*
bari (fourb.) : *compagnoni*
baron (slang am.) : compère, prisonnier qui a de l'argent, magnat, gros bonnet

BARRER (se) : disparaître, déguerpir
bara : prison, murs; *bar* : pierre, mur; *and el bar!* : aller au diable, litt. : dans de la pierre (là où il n'y a pas trace d'homme)
barra! (gerg. it.) : *scappa!*

BASTRINGUE : guinguette, bal des barrières, orchestre bruyant, tapage (fin XVIIIe-XIXe siècle)
bash° : faire du bruit, jouer d'un instrument, chanter, crier, hurler
bashuga : instrument de musique (violon, guitare, accordéon, etc.)
bashreben (manouche) : musique, bruit
bajañí (caló) : *guitarra*
banza (calão) : *guitarra (Giria do seculo XVIII)*; *banzé* : *gritaria*
bosh-faker,-man (cant, 1850) : *a violin player*
bash (slang am.) : fête, « boum »; *bash out a tune* :

tapoter un air ;
busk : jouer, chanter dans la rue

BÊCHER : avoir une attitude méprisante, distante, hautaine, vaniteuse (synonyme argotique : en installer) ; a donné BÊCHEUR : prétentieux, aussi avocat général
besh⁰ : être assis, en selle, établi, installé, trôner
borobeshemeskeguero (romany) : *judge (great-sitting-fellow)*
besti (caló) : *trono, silla*; *bestipen* : *riqueza*
bestisa (fourb.) : *tavola*

BEDI : gendarmes, policiers ; BIDULE : truc, machin, bâton de policier
bedo : policier, gendarme, chenapan, traître
beda (manouche) : tribunal
beda (pl. *bedi*) : mauvaise affaire, « tuile »
bedo : chose, truc, objet, machin

BERGES : années
bersh : année, âge
brejé, breva (caló, germ.) : *año, año de edad, época, tiempo*
breca (gerg. Bol.) : *anno*
baretta (Malav.) : *anno*
bero, bejro : année (argot des chaudronniers des Alpes piémontaises)

BIBINE : boisson de mauvaise qualité, petite bière
biben (de *pi⁰, bi⁰*) : boisson
pibing : bière
bibì (Malav.) : *alcool puro*; (gerg. Tor.) : *bevanda*
bingo (cant) : *brandy*; *bingo mort* : *dram-drinker*
bilge (slang am.) : boisson insipide, « bibine »

BING, BIGNE : prison ; le BINGUE : le bourreau
   beng, bang : diable, gendarme
   benghipe : diablerie, perfidie, folie ; *bengipen* : enfer
   bengorré, bengui (caló) : *demonio* ; *benguistano* : *infierno*
   bing (Rotw.) : *der Teufel*
   benghe (Malav.) : *l'inferno*
   bing (slang am.) : *prison cell*

BISTRE, BISTRO(T), BISTRAL, BISTROQUET : débit de boisson (certains lui donnent pour origine la brève occupation russe de 1814 ; mais le mot n'est attesté que soixante-dix ans plus tard)
   bistr⁰, bistrau : oublier
   bistarben : oubli, distraction

BLAVE, BLAVIN : mouchoir (XIXe siècle) ; BLAVARD : châle, fichu de gorge (XVIIIe siècle) ; BLAVINISTE : voleur de mouchoirs (objet coûteux à l'époque), « grinchisseur de blavins » ; BLARD : mouchoir, fichu
   blav⁰ : pendre, suspendre, accrocher
   blavanti : drap, toile ; *blavert* : rideau ; *blavanter* : tablier
   blaghé (gerg. it.) : *pavoneggiarsi, esibire la propria eleganza*

BLÈCHE : mauvais, indigne, laid, colporteur — avant-dernier grade dans la hiérarchie des mercelots : « il n'estoit coesme n'ayant parvenu à ce degré, ains estoit simple Blesche » (*Vie gén.*) ; langage BLESQUIN, antérieurement le BLESCHE : langage propre aux merciers, ce sens apparaît dans l'argot des maçons et

tailleurs de pierre de la Tarentaise, *bletso, bletse* : marchand, marchandises ; Banque-BLÈCHE : quinzaine improductive (typographes, 1827)
bilatcho : mauvais, laid, méchant, scélérat
bilatchverdo : effronté, sans vergogne
bestrica (fourb.) : « la langue des gueux, le narquois » (Oudin, 1663)
BELÎTRE (1460), BLÎTRE, BLISTRE (XVIe siècle) : mendiant, gueux qui vit d'aumône et de rapine : « la belistrandie des Mille Souldiers » (Rabelais)
belitre (germ.) : *pícaro*
bilontra (calão) : *maroto, biltre* (coquin)

BOL (ras le, se casser le) : désigne le postérieur ; aussi chance, comme tous les mots ayant cette signification (avoir du, manquer de)
bool, bul, pul, vul : le fondement (apparaît sous une de ces formes et à ce sens, dans tous les argots)
to bull (slang) : *to have intercourse with woman* ; *a bully* : *a protector and exploiter of prostitutes*
bulldyke (slang am.) : lesbienne ; *buletts* : semence
à partir du dérivé verbal *buje, de-buje* : coïter ; *vuledava* : sodomiser ; *buledini* : prostituée ; *bujnava* : se prostituer ; *buledipe* : sperme
à rapprocher de BOURRIN, BOUDIN (fille facile), et de BOURRER (posséder charnellement)
budell (Bar.) : prostituée
budello (gerg. it.) : *prostituta*
buldra (calão) : *pudendum mulieris*
bunda (Bres.) : *nadegas, podex*
burrear (arg. esp.) : *engañar* (« baiser » au sens de tromper), *robar* ; *burro* : *ardiente sexualmente* ; *bullarengue* :

culo de mujer, especialmente el voluminoso
bulero (caló) : *embustero, falso*
par extension, désigne la police : BOURRE, BOURRIN, BOURRIQUE; aussi BALANCE
bul (Bar.) : police, saleté, rien (*no val una bul*, équivalent de « peau de BAL » et son inversion « BAL-PEAU ! »)
bull (slang am.) : policier, « conneries », « foutaises »
bolente, pollende (Rotw.) : *Polizei*; *bollerbayes* : *Zuchthaus*
bufo (calão) : *policia*
amène aussi l'idée de trou avec ses multiples implications
BOULINER : faire un trou (Vidocq); BOULINOIRE : vilebrequin
bujero (arg. esp.) : *orificio*; *bujarra* : *homosexual activo*
bum-boy (slang am.) : homosexuel
buiosa (fourb.) : *il carcere*
on trouvera plus loin les dérivés formés sur *pul*

BOUCLER, BACLER, BOUCLARES : fermer; enfermer
bukler⁰-av : fermer
buklo : serrure; *buklengero* : serrurier

BOULE (1628) : foire, marché
bollo (du grec mod. *Polis*) : ville
bola (calão) : *feira*
bola (germ.) : *feria*
bola (arg. esp.) : *libertad*, « *salir en bola* » (se faire la BELLE)
bolle (Rotw.) : *markt*; *bollent* : *stadt*
bolla (fourb., XVᵉ s.) : *città*, « *correre la bolla* » : *essere scappato*

bolla, balla (gerg. it.) : *banda di ladri,* « *bala di scarpa* »; « *von dla bolla* » : *della banda, compagnone* (à rapprocher de notre « enfant de la BALLE », 1690); « *far la bella* » (Malav.) : *smettere*

CAILLER : geler, faire froid, avoir froid
  Xay°av, tchaiava, djaiav geler; *Xalo, djaiemen* : gelé
  giannico, zannichio (fourb.) : *freddo, gelo*; *Bolla del
  zagnúcch : Rússia*
  Ralloch (Rotw.) : *die Kälte*

CAIRE : argent (voir plus loin TUNE.); « Les duppes sont
  privés de caire » (*B.J.*, III)
  Xairo : monnaies de bronze (de l'allemand *Heller*)
  jallere, jallares (caló) : *dinero, fortuna*
  cairé (germ.) : *dinero, ganancia que la mujer publica
  obtiene con su vil oficio*
  cara (calão) : *moeda de oiro*; *careta* : *moeda de 500 reis*;
  coragem : *dinheiro*; *caurim* (XIXe s.) : *moeda falsa, logro,
  calote* (cf. Vidocq, CARER, CARIBENER : vol « à la care »)
  macarró (Bar.) : l'argent que la prostituée doit
  remettre à son souteneur
  caín, cavía (gerg. it.) : *lira*; *carrinu* (Palerme) : *denaro*
  harry, horro, ora (romany) : *penny*
  carrô (argot des tailleurs de pierre et peigneurs de
  chanvre de la Suisse romande) : franc (monnaie)

aïra (zingaresco it.) : *centesimo*
xaljeri (sinto) : sou, argent
cavia, cavilla (fourb.) : *lira* (cf. la CAVE au poker)
kale (slang am.) : argent
calé (caló) : *moneda*

CALANCHER : mourir
calísen (caló) : *defunción, muerte*

CAMELOT, CAMELOTE, CAME : colporteur de marchandises (cf. coesmelotier, *Vie gén.*), marchandises sans valeur ou de mauvaise qualité, drogue
cam⁰ : aimer, avoir confiance (du sanscrit *kama, kamara* « désir, amour »), aussi : séduire, enjôler, « baratiner », convoiter
camelo (caló) : *engaño; camelar : querer, consentir, enamorar*
camelo (germ.) : *engañifa, cosa que aparenta ser algo bueno que no es en la realidad; dar el camelo : engañar;* (termes passés très tôt dans le langage courant) : *camelador, camelista, camelante*
camlo, caumlo (romany) : *amiable* « *with this word the English "comely" is connected* » (G. Borrow)
cama (gerg. it.) : *denaro, prezzo, merce*
camelote (calão) : *espolio*
kammesierer (Liber Vagatorum, 1510) : *ein gelerter betler*
kammerusche (Rotw., 1791) : *Kameraden; kameroschen : zusammen; kabrousche : Diebesgesellschaft* (d'où CAMARLUCHE, CAMERLUCHE pour camarade)
Le mot *camarada* apparaît en Espagne au XVIᵉ siècle dans le vocabulaire des soldats ; *de la camarada : de la compañia*
camorra (it.) : *associazione segreta criminale sorta a*

Napoli, e diffusa soprattutto a partire dall'Ottocento
(E. Ferrero)
camorria (Malav.) : *goccetta militare*

CAN : soleil ; « Que le grant Can ne vous fasse essorez »
(*B.J.*, I)
kham, k'an : soleil ; *khamjevava* : « suer » ; « *o kham shutsarel* » : le soleil sèche
cam (caló) : *sol*

CARRE, CARRER, DÉCARRER, DÉCARRADE : cachette, cacher, partir, sortir, s'évader ; « Escharicez, ne soiez durs » (*B.J.*, I) ; GARER : mettre en lieu sûr
gar°ew : cacher, dissimuler ; *garedo* : caché, secret ; *garepen* : cachette, dissimulation
Aussi (s') ESGARER, faire L'ESGARD : escamoter une part du butin, tricher avec ses complices ; CAROTTER
carmunicha (caló) : *escondrijo* ; *garabelar* : *guardar, cuidar*
bescare (fourb.) : *cavare della sacca*
to scare up (slang) : *to find, discover (scare up money)* ; *to make oneself scarce* : *to retire, depart, disappear*
no pau cair (calão) : *revelar un segredo*
carduzador (germ.) : *persona que negocia con la ropa que hurtan los ladrones*
sgarrare (Malav.) : *sottrarre parte della refurtiva ai complici*
garitero (arg. esp.) : *encubridor de ladrones*

CASSER (se) : partir, disparaître, déguerpir (voir plus haut à BARRER, même expression)
and el kash! (litt. dans du bois)

le Rotwelsch a pour « *stehlen gehen und verjagt werden, oder nichts bekommen : Ins Holz oder in Wald donneren* »

CAVE, CAVER : dupe, niais; tromper
gavekho : autochtone, paysan, villageois; de *gav, gab, gau* : village
gavézza (fourb.) : « un sot, un badin » (Oudin)
gavezzare (fourb.) : *ingannare*
gao, gau (caló) : *pueblo, gente*
gaffed dice (slang am.) : dés truqués
kaff (Rotw.) : *Dorf; wittscher kaffer : der einfältige Mensch, der es nicht mit den Gaunern hält; der Nichtspitzbube*
gaff (cant) : *a hoax, imposture ; a gentry cofe : a noble or gentleman*
goof (slang am.) : individu, niais; *to goof* : duper, endormir

CHARBON (aller au) : s'astreindre à un travail pénible
charuvav : gratter, râcler; *Xalardo* : épuisé, vidé
charabar (caló) : *trabajar penosamente, lamer*
chore (slang am.) : travail pénible
to char, chare (slang) : *to come in to do the cleaning work in a house, shop, office, etc.*

CHARRE, CHARRIER : feinte, exagération, mensonge; grossir les faits en parole, moquer quelqu'un
schar[o] : vanter, louer, faire l'éloge
charrar (arg. esp.) : *parlotear, contar con indiscreción*
carney (ang. pop.) : *seductive flattery* (XIXe s.)
carny (slang am.) : forains, gens du voyage
cerretano, ciurmatore, ciarlatano (it., XVe s.) : *falso mendicante, spacciatore di unguenti e medicine, cantimbanco,*

etc., cf. CHARLATAN
chalaça (calão) : *zombaria, escarnio*
charl(e)y (slang am.) : un CHARLOT
schaardoctor (Rotw.) : *ein Baader*
carnear (Chili) : *engañar*

CHÊNE : homme ; « j'ai fait suer un chêne, son auber j'ai enganté » (Vidocq)
dscheno, genó : homme, personne
chayne (cant) : *gentleman*
gee (slang am.) : individu

CHIBRE : pénis, « givre, gibre : le membre viril de l'homme » (*Arg. ref.*), « chibre » (*Chauff. d'O.*)
chib de *tchepo* : pointe, bout
chibr (sinto-piémontais) : pénis
schieber (argot des prostituées de Vienne, XIXe s.) : *männliches Glied*
chivo (Mex.) : membre viril

CHICANER (XVe s.) : « Quand chicaner me feist Denise » (Villon, *Testament*) ; « revient constamment dans la bouche des gens traduits devant ce tribunal (l'official) » (P. Champion) ; (se) CHIQUER : se battre (*Chauff. d'O.*)
tchingar : bagarre, tumulte, querelle, dispute
tchingar keraa : plaider, disputer, débattre ; *tchingardipe* : plainte, accusation
chingar (germ.) : *molestar, importunar, estropear*
chingarar (caló) : *disputar* ; *chingar, chiaga* : *disputa* ; *chingaripen* : *pelea* ; *chicarelar* : *pelear* ; *chicarelari* : *pelea*
càgna (gerg. it.) : *lite, baruffa* ; *cagnotto* : *avocato difensore*. (aphérèse)

to chin (slang) : *to talk, esp. if loquaciously or argumentatively.* (apocope)
shindig (slang am.) : querelle, tumulte

CHINE, CHINER, CHINEUR : travail, métier de marchand ambulant, aller en quête de bons marchés, commerce ambulant d'objets de rebuts
tsin⁰ : acheter ; *kinipen* : achat, marché ; *kinemaskeri* : profit
quinar (caló) : *comprar, mercar*
kimmern (Rotw., XVIe s.) : *kauffen* ; *verkinnigen, verkönigen* : *verkauffen* ; *schinegeln, schinepeln* (Rotw., XIXe s.) : *arbeiten* ; *schineplerei* : *Arbeit*

CHOUART : pénis (*Vie gén.*)
kuaro, kaar, char : pénis, queue
ca (caló) : *miembro viril*
carajo (Mex.) : *pene, miembro viril del hombre* ; *interjección (caramba, caray)*
choire (argot lorrain des fondeurs de cloches, XVIIIe s.) : même sens. Quant au « Maître des gueux » (*Vie gén.*) appelé par dérision le « Grand Coesre », on ne peut manquer de faire le rapprochement avec le *goud-gouz* (ou boudin sacré) de l'admirable *Signé Furax*

CHOUCARD : beau, bon, agréable, de qualité ; apocopé en CHOU, CHOUETTE
shukar : beau, joli, agréable, bien
juncal (caló) : *generoso, espléndido*
juncal (germ.) : *garboso, espléndido, magnífico*
sucàri, zucchero (gerg. it.) : *bello, bueno*
zschukenzeig, zschuker terne, schixen, schicksel, schicksal,

chix (Rotw.) : *Jungfer, Mädchen, Frau, Magd*, etc. (passés au yiddish, puis au slang)

CHOURAVER : voler, dérober
tchor⁰ : voler, dérober, voleur
apparaît dans tous les argots d'Europe : *tchorr, schornen* (Rotw.); *ciori, tchuribé, ciordàr* (gerg. it.); *chewre, core, coring* (cant); *xorc, xurder* (Bar.); *choro* (Arg.); *cardar* (calão); et bien sûr *chorar, choraro, choruy, chorripen* (caló)

CHTAR, JETARD : prison, cachot disciplinaire
schtar⁰ : saisir, arrêter, empoigner, emprisonner
schtar, schtariben, schtarepen : prison
estari, estaribel (caló) : *cárcel*; *estardar* : *arrestar, encarcelar*; *estarado, estari, estariba, estaripel, estaru* (germ.) : *idem*
start, stir (slang, XIXᵉ s.) : *prison*
stardo (welsh gypsy) : *imprisonned*; *storny* (romany) : *prisonner*
estarim (calão) : *cadeia, prisão*; *estribelto* : *tribunal*
staribé (Malav.) : *reclusione*; *stardù* : *arrestato*
in stir (slang am.) : en prison; *stir crazy* : rendu fou par la prison
la « maison j't'arquepince » (police), locution qui en découle, est formée sur le modèle de choucroute (*sauerkraut*), par croisement morphologique

CHTIBE, SCHTILIBEN : prison
chtilaben, chtilliba, chtilepen : prison, emprisonnement
chtil⁰ : arrêter (de l'allemand *stellen*, et non de *Stube*)
chtildo : prisonnier, d'où ENCHTIBER : emprisonner

stildare (gerg. it.) : *arrestare, mettere in prigione*; *stildô* : *carcere*

CHTOUILLE : maladie vénérienne (syphilis, blennorragie)
de *walschto* : français; *walschti* : le mal français (syphilis)

COLE : faux métier, couverture, simulacre, tromperie
« aulcuns d'eux s'entremettent d'aulcun mectier [...] feignant qu'ils en vivent [...] et appellent cela leur cole » (Procès des Coquillards) ; Ficher la COLLE : tromper; raconter une COLLE : mentir ; match à la COLLE : match de convention, truqué ; une COLLE : à l'origine simulacre d'examen, sens de piège
colar (esp. pop.) : *ser creído* (passer pour ce qu'on n'est pas)
kolo : habit, drap (au sens du dicton populaire « l'habit ne fait pas le moine »)
cole (cant, XVIᵉ s.) : *false (cole prophet)*

COQUILLE, COQUILLARD : « dans le jargon du XVᵉ siècle, il signifie celui qui fait la bête pour abuser les autres » (M. Schwob)
« et s'appellent iceulx galans les *coquillars* qui est à entendre les *compaignons de la Coquille* » (Procès des Coquillards)
khokhᵒav : tromper, escroquer, étourdir, égarer, falsifier, mentir, nier
XoXeno, hohano, chochavel, hukhano : trompeur, menteur, mystificateur, faux, falsificateur, traître
XoXepen, kogopen, gorgepen, kakkiba, kack : mensonge, tromperie, jonglerie, tour

chochepaskero, kakkibaskro, kakkar : menteur, etc.
et inversement : trompé, abusé, mystifié, trahi, joué, pris, eu, etc. d'où COQUEUR, opposé à COQUARD (à distinguer de l'ancien français *coquart*, dérivé de coq, et qui a le sens de coquet) ou à COCU (le coucou qui, au XIIe siècle désigne l'oiseau — du latin *cuculum* — n'a rien à voir avec le mari trompé appelé alors *cornart* ou qualifié de *cornu* et dont on raillait la *cornardie*. Le véritable COCU n'apparaît qu'au XVIe siècle. Rabelais évoque le *cocuage*, Molière le dit *cocufié*.)

cock (cant, XVe s.) : *chief or leader*; *cock and bull story* : *mystification* (XVIIe s.); *to hoax* (1788) est passé dans le langage commun : tromper, mystifier; le *cockney* londonnien est un COQUILLARD ou son *frérot* de la CUQUE; *hokey* (XIXe s.) : *prison*; *hokey-pokey* : *swindling, illegal, illicit*

hok-hornie-mush (romany) : *a policeman*, « *partly a cant word* » (Borrow)

corker (slang am.) : gros mensonge, bourrage de crâne; *hokum* : blagues; *hokum* : glace ou bonbon de mauvaise qualité; *gook* : camelote, « toc »

jonjabar (caló) : *engañar*; *jonjanó* : *socaliña, sustracción artificiosa*; *jonjanó baró* : *gran socaliña*; *jonjana* : *palabreria, zalameria*

« Joncheurs, jonchans en joncherie, — Rebignez bien où joncherez » (*B.J.*, V); « Et ne soiez plus sur les joncs » (*B.J.*, III); « Berart s'en va chez les joncheux » (*B.J.*, IV). Villon évoque ici la tromperie « retournée », celle de l'ennemi qui conduit « en gros murs »

chochum (Rotw. 1737) : *Dieb; so eigentlich einen weissen, klugen Mann bedeutet*; *kokum-, kochemer-loschen* : *die*

Klugesprache, Diebssprache; *kohlen* : *lügen*; *koberes* : *Streich*
cuccare (gerg. it.) : *prendere, prendere in giro, truffare*; *cuccai* : *arrestare*; *cucca* : *burla*; *cüccà* : *corbellare, frodare*; *cacà* : *denunciare*
cuca (jeu esp.) : *mujer que atrae a los jugadores*
essiri di la cosca (gerg. Sicilia) : *appartenere a qualche società segreta*

CORRIDA : « bagarre violente comprenant des combattants multiples » (Simonin); pas de rapport avec la course de taureaux
korripa : bagarre, mêlée, guerre; *koor, kur⁰* : frapper, (se) battre, fouetter

CORTAUSSE : correction
koor, kur⁰ : voir ci-dessus
curovar (caló) : *ultrajar, pegar*; *corrupen* : *castigo*
curripe (germ.) : *paliza, tunda*
dar un currito (arg. esp.) : *dar una paliza*; *coripen* : *suplicio*
coor (cant d'Écosse, XIXᵉ s.) : fouetter
cùrape (gerg. Ven.) : *processo*
curtir (Am. lat.) : *castigar por medio de azotes*

CREUX, CRÈCHE : maison; « creux : une maison » (*Arg. ref.*)
métathèse de *kher* : maison; *kheresco* : de la maison
que, quer (caló) : *casa*; *queré* : *morada, domicilio*
quel, quer (germ.) : *cuarto, habitación* (*quer de las 27 letras* : *casa, cuartel de la guardia civil*)
cuelle (calão) : *casa*

Kör, Kehr (Rotw.) : *Haus*; *Kochemerkehr* : *Diebsherberg*
kencracker (cant) : *housebreaker*; *padding-ken* : *tramp's lodging* ; *quyer kyn* : *prison house*
cruna, cruina (fourb.) : *casa*
crogia, crügia, croja, crög... (gerg. it.) : *casa*; *carera* : *osteria*; « *carera per "Italia"* à *il gergo dei seggiolai di Rivamonte, Belluno* »
querencia (argot de la tauromachie) : le lieu où le taureau dans l'arène préfère revenir comme chez lui

CRIE, CRIOLLE : chair, viande (*Vie gén.*); « la crie corne, c'est la chair est puante » (*Arg. ref.*)
karialo, kariola : viande (du bas-grec *creas*)
crioja (caló) : *carne*; *criojero* : *carnicero*
crea, creatura, cria, criolfa (fourb.) : viande
crew (Rotw., 1510) : *Fleisch*
cria (calão) : *carne de vacca*
creya, cri, cry, criolles apparaissent dans les divers « argots de métiers » étudiés par Dauzat (fondeurs de cloches lorrains, maçons et peigneurs de chanvre jurassiens, ramoneurs, tailleurs de pierre et colporteurs de Savoie, moissonneurs du Dauphiné)

DAB(E), DABUCHE, DARON : père, maître, Dieu, Roi (*Arg. ref.*); les DOCHES, père et mère; belle-DOCHE, belle-mère
dâd, dada, daddus : père
dada (caló) : *padre*; *dai* : *madre*
dabo (calão) : *pãe*; *darona* : *mãe*; *o da-eira* : *padre* (prêtre, Dieu)
dada (Rotw.) : *Vater*
dörbi, dörbja (argot des chaudronniers du Val Soana) : père, mère
dad, dado (romany) : *father*; *daya, dieya* : *mother*
dad apparaît en Angleterre peu avant 1500, *dada, dadda* avant 1680; a le sens de Dieu dans les serments solennels

DÈCHE : pauvreté, misère (XIXᵉ s.); aussi dépense, faux frais; d'où DÈCHEUR, dépensier; DÈCHARD, malchanceux, misérable; DOCHES, menstrues (dans l'argot des filles)
dosch° : manque, disette, dette; a aussi le sens de faute, dommage, culpabilité, tort

doga, dojí (caló) : *culpa, falta, pecado, defecto, vicio*
se retrouve dans DEUIL, ennui, danger, malchance;
(aller au, porter le) : porter plainte
doscharno : demandeur, plaignant; *doscharav* :
accuser, dénoncer, faire tomber la faute sur
quelqu'un; *doscharipe* : accusation, délation
I'm doshed, dashed! (slang) : *damned*; *doss-ken* : *a very
cheap lodging house*; *dossy* : *elegant*; *to dodge* : *to track a
person* (1830)
dosh (slang am.) : argent; *dosser* : clochard, sans le
sou, « paumé »; *dodgy* : mauvais, difficile, dangereux

DÉVIDER (le jar) : parler argot; DÉVIDAGE : discours,
« dévidage à l'estorgue » : mensonge (Vidocq)
diviniv : parler; *divano* : langue, parler, discours,
conversation
diberen, dibern (Rotw.) : *aussagen*; *diblerei* : *Sprache*

DIG : « La syllabe *dig*, entremêlée dans la conversation des
filous, les avertit de se tenir sur leur garde »
(*Mémoires d'un forban philosophe*, 1829)
dikh⁰ : regarder
diar, dicar, diquelar, dialar (caló) : *mirar, atender, ver,
vigilar*; *dicaito* : *visto*; *dicani* : *mirada*; *dicandesquero* :
mirador
adicar (calão) : *ver*
dick (cant) : *to look, peer, watch*; *to take a dekko* : *to see*
(XIXe s.)
to dig (slang am.) : regarder, viser, « mater »; *dig
that!*; *a deck* : *a look, a peep*; *dick* : policier, détective (syn.
« *eye* »)

DRAGE, DRAGUE (faire la) : « industrie du camelot qui vend des remèdes souvent inopérants sur les marchés » (Simonin); DRAGUEUR : charlatan
drab : herbes, racines, médecine, poison; *dramaskero* : médecin
drao (caló) : *veneno*
drab (slang) : *poison, médecine*
dragon (fourb.) : *dottore*
draga, drèga (gerg. Bol.) : *acquavite, liquore*

DROGUE, DROGUEUR, DROGUER, DROGUERIE : maraudage, mendicité; mendiant; marauder, quémander, mendier, demander; maraudage
« De paour des hurmes — et des grumes, — Rasurez voz en droguerie — Et faierie » (*B.J.*, III)
druker, durkew, durgewawa, doorik, turkevav, doratsarav : fasciner, ensorceler, prédire, dire la bonne aventure, fabuler, tromper
DROGUEUR de (à) la haute : escroc de bon genre qui quête pour les indigents; DORÉ : chanceux.
dörigt gehen (Rotw., XVIIIe s.) : *betteln gehen*
bater la droga (gerg. it.) : *bighellonare, mendicare*; *droga, drôgant* : petit voleur
droga (Am. lat.) : *deuda, trampa*
duke (slang) : *burglary, robbery*; *dookin-cove* : *a fortune teller*

ENCHRISTER : emprisonner; CRIST : poste de police et prison
 krisin : police, justice; *kris⁰* : juger, condamner; *kris, krisni* : tribunal, jugement, loi
 enrexado (germ.) : *preso*
 enreixado (calão) : *preso*
 increstèr (gerg. it.) : *arrestare*; *encrestè* : *arrestato*
 klischen (Rotw.) : *Polizeidiener*

ÉPINGLER, PINGLER : appréhender, arrêter, emmener, prendre, soustraire
 panghlo : attraper, saisir, enfermer; *pangalo* : gendarme, policier (d'où PANDORE : gendarme); *phanghlo* : coffre; *phandipen* : prison, captivité (PLANQUE : prison)
 pandibó (caló) : *calabozo, prisión*; *pandar* : *arrollar, atar, cerrar*; *pandorró* : *pestillo, cerrojo*
 pan (slang) : *to catch, capture*; *the workhouse*
 pangló (Malav.) : *sportello del forno*
 empandeirado (calão) : *preso*; *pandego nocturno* : *sereno*

FANANDEL., FANANDER, FANANDE : camarade (*Arg. ref.*); FARANDEL, RIFANDEL (XIXe s.) : complice, associé, frère, ami (terme de forçats); aussi FLAMAND (Macé, 1889)

fahnevav : plaire, convenir; *fahnola* : qui plaît, qui convient

fal ma, fai ma : paraître, avoir l'air (du néo-grec *fainomai*) métathésé en *flama*

flamear (caló) : *chancearse*

flamenco (germ., pop.) : *airoso, garboso, achulado, agitanado*

ponerse flamenco : faire le FLAMBARD ; *flamenquería* : crânerie; à distinguer de *flamenco* (XIIIe s.) : originaire des Flandres, qui a longtemps abusé les étymologistes

flam (slang, XVIIe s.) : *humbug, a trick, a sham story*; *fadge* (XVIe s.) : *to suit, fit*

flam (slang am.) : chiqué, trompe-l'œil; *flummox* : épater; *flummery* : blagues, bluff; *fudge* : raconter des blagues, des « craques »

d'où, FLAMBER, FLANCHER, FLAMBEUR (termes de jeu,

de foire, boniment de camelot) que l'on retrouve dans

flash (cant) : *relating to the underworld or to its slang; trickery, crime; sudden flame; ostentation; a peruke; a showy swindler; a « nouveau riche »; to flash : to show (excessively, vulgarly)*

flash (slang am.) : voyant, tapageur, frimeur; qui est du milieu, argot; *flasher* : exhibitionniste

aussi MAFIA : « *Voce recentissima e propria della Sicilia occidentale e in ispecie di Palermo, benché oggi è passata nell'it. "maffia", "maffioso". Verso il 1860, quando s'intese dapprima a Palermo, avea senso meno cattivo di quello di oggi; e valea coraggioso, bravo. Anche oggi si dice talvolta per 'valente, eccelente' parlando in tono poco serio* » (De Gregorio cité par Angelico Prati)

Désse 'd mafia (gerg. Tor.) : *darsi delle arie, fare il superbo, il gradasso*; *far la mafia* : *vestire in modo vistoso*; « *Nel gergo militare "maffia" significa esagerazione, esibizione artificiosa del corragio, dell'eleganza nel vestire, ecc.* » (Gadda, *Giornale di guerra*)

on a de même en portugais : *faia, fadista, faiante* passés dans le langage courant avec le sens d'homme de mauvaises mœurs, voyou, souteneur; mais aussi chanteur de *fado* (mauvaise vie), comme pour le *flamenco*; et *malafaia* (calão) : *sujeito de profissão duvidosa*

GAFFE, GAFFER, GAFFRE : « ilz appellent les sergens les *gaffres* » (Procès des Coquillards) ; gardien de prison, de bagne ; faire attention, se méfier, guetter, regarder
gab, gav, gaf : village ; *gaveskro, gaveskero* : juge, représentant, maire, autorités ; *and o gav*! litt. du village, des étrangers! (mise en garde)
Kaf, Kfar, Gefahr (Rotw.) : *Dorf* ; *Kaffer* : *Bauer*
gaff (slang) : *an outcry* ; *to blow the gaff, or gab* : *to inform, divulge a secret*
to goof at (slang am.) : regarder, « mater »
gaffa (gerg. it) : *agente, polizia, guardia di pubblica sicurezza*
zaffo (fourb.) : *sbiro, guardia*
galfaro (calão) : *beleguim* (mouchard)

GALIER, GAIL, GRE, GRES, GRAJ, etc. : cheval, « un cheval c'est un galier » (Procès des Coquillards) apparaît, sous une forme ou une autre, dans tous les argots d'Europe
grai, grei, gra, grast, gorih, gjorni, etc. : cheval (du sanskrit *ghota*)

GANO . butin, magot; CAGNOTTE : cachette à argent, bénéfice inavoué
gano, canyo, gohno : sac; *goneskero* : coffre
gonó (caló) : *sayal, talego*
cavoniera (fourb.) : *cassa*
can (slang am.) : boîte de conserve, prison, coffre, sac
gohle (Rotw.) : *die grosse Diebestasche*

GARNAFIER, GOUGNAFIER : fermier (Vidocq), grossier personnage
gaaw°, gahb° : village; *gawengero* : paysan, fermier
gau, garo (caló) : *pueblo, aldea, granja*
gawk (slang am.) : niais, GODICHE

GAU, GOT : pou (*Arg. ref.*)
giou, djuva : poux, punaises
gaó (caló) : *piojo*
gaul (germ.) : *piojo*
gaut (fourb.) : *pidocchio*; *guallino, gualdo, gualtino* : *id.*
jubois (Bar.) : *piojos*
gao, ganau, gando (calão) : *piolho*
gaux de choire (argot lorrain des fondeurs de cloches) : morpions
gou (argot des peigneurs de chanvre) : pou
cootie (slang am.) : pou, morpion

GAZIER, GONZE, GONSSE : « individu, primitivement maître de maison » (Vidocq); « un *godiz* c'est un homme qui a argent et est riche » (Procès des Coquillards)
gazda : patron, chef; *gadjo* : individu, homme (non gitan)

gorgio (romany) = *gadjo*
gorger (slang) : *a theatrical manager, a gentleman, an employer* ; équivalent de GONZE dans l'argot des comédiens français au XIXe siècle
gaché (caló) : *hombre ; despectivamente, el que vive del trabajo de una mujer*
gonzo (fourb.) : *contadino, borghese, goffo, sciocco* ; (Milano) : *quegli che a da esser derubato*
gadie (slang am.) : non gitans ; *gaffer* : patron, chef
gasche (Rotw.) : *Leute*
gô (argot des peigneurs de chanvre) : maître de maison, chef de famille
gajo (calão) : *homem ; gage* : *mulher*

GERBÉ (être) ; GIBLÉ (*Chauff. d'O.*) : « jugé, condamné » (Vidocq) ; (à vioc : à perpétuité, à vie) ; (à la grotte : aux galères) ; (à la passe : à mort) ; GERBERIE : tribunal ; GERBIER : juge
djibalar : rendre une sentence, juger ; *djiviakro* : avocat
gybe (cant, XVIIe-XVIIIe s.) : *to whip, castigate*

GOUALER, GOUALE, GOUALANTE : chanter, chanson, chantage
ghiliab : chanter ; (Scaliger donne *guiguilbe* : *cantare*)
gilawipen : chant
guillabar (caló) : *cantar* ; *guiyalaor* : *cantador*
gillie (romany) : *ballad, song*
zirare (fourb.) : *cantare*
aussi GUEULER (XVIIe s.), GUEULARD, GUEULANTE, ENGUEULER : crier, individu à la voix forte, chanson, protestation, injurier ; à distinguer des dérivés de

gueule (lat. *gula*) qui a le sens de gosier, puis
« bouche d'animaux » en ancien français
gola : crier, appeler, hurler, pleurer (hindoustani :
ghül)
godli, golli, goole : bruit, cri, vacarme, tumulte ;
godliako : bruyant ; *golare* : chantre, organiste
gole (caló) : *voz* ; *golar* : *vocear*
güelar (calão) : *gritar, palrar*
et BAGOULER, parler inconsidérément (XVe s.), DÉBA-
GOULER, BAGOULEUR (avocat), BAGOULAGE, BAGOU
bagolón (gerg. it.) : *individuo facile alle esagerazioni* ;
bagolón del lüster : *venditore a Milano di lucido da scarpe
(famoso per l'enfasi retorica nel reclamizzare il suo pro-
dotto)*

GOURER (s'en) : deviner, se méfier
dav po gor : comprendre, deviner
gor : connaissance, renseignement, découverte

GRIS, GRISBI : argent monnayé (XIXe s.), GRISOLLE :
« cher, coûteux » (Vidocq)
grusch : sou (de l'allemand *Groschen*)
gorush (zingari) : *soldo*
tringurushi (romany) : *three groats*

GY, GIS, GITRE, GIROLDE, etc. : oui, d'accord, bien (*Vie
gén., Arg. ref.*) GIDÉ, GIGO, LIGODU (XIXe et XXe s.);
faire GY : faire attention
jy, jiblet (argot des colporteurs de Tignes) : oui
jiv° : vivre ; *jido* : vivant, en vie, vif
dji : cœur ; *djives!* : santé !
chipé (caló) : *verdad, positivo, cierto* ; *chipen* : *existencia*,

vida, verdad, realidad; *chipendoy* : *verdadero*
Tschi (Rotw.) : *Ja*; *chayes* : *das Leben*; *Ziemen, Zippken* (XIXe s.) : *Ja*
to gee (slang) : *to agree*; *jildi* : *lively*; *on the jildy* : *look sharp!*
gh'è musch (gerg. Milano) : *di certo, di sicuro*

HOMME : antonyme de CAVE, comme *Rom* est l'homme
gitan par opposition au *gadjo*, homme non gitan.
Un *homme*, en argot, est quelqu'un du milieu (on dit
« parole d'homme »); il a le sens de mari (légitime ou
non), comme le *Rom* est l'époux de la *Romni*

ICICAILLE : ici; icy CAILLE (*Arg. ref.*); ICIGO, ICIDÉ
    kai : ici
    acoi (caló) : *aquí*
    katé (manouche) : ici; *katé kaj* : ici tout autour

JAFFE, JAFFER : nourriture cuisinée, manger, « du potage s'appeloit de la jaffe, à présent c'est de la menestre » (*Arg. ref.*); (se) CALER

Xav⁰ : manger; *have* : *comeder* (Scaliger); (sanskrit *Gala*)

Xabé, Xaven : repas, nourriture; *Xalo, chalo* : p.p.; *khalari* : bouchée

jamar (germ., caló) : *comer*; *jalar, jalelar, jallipear* : *id.*; *jachipen, jallipen* : *comida*; *jallipi, jallipiñi, jallipón* : *apetito, sed*

gan y pea (Bar.) : manger et boire

jambar (Mex.) : *comer con voracidad*

gavi, gabi, rancho (arg. mil. esp.) : soupe; cf. GAMELLE, GALTOUZE et RAB, RABIOT

rafa, rata (calão) : *fome*; cf. RATA, RATATOUILLE

grub (cant, XVIIᵉ s.) : *food, provisions of food*; *to grub* : *to eat*; *yaffle* (cant, XVIIIᵉ s.) : *to eat*; *chafer* : *eating dish*

galba, galma, gualma, galmeto... (fourb., gerg. it.) : *broda, minestra, riso*

kahlen (Rotw.) : *abfressen*; *hebin, heppen*; *Suppe*

JARTE : « une robe c'est une *jarte* » (Procès des Coquillards)
: *raXhaij* : robe, habit, pourpoint, jaquette
rachmin (zigeunerisches Rotw.) : *Rock*
jaez (caló, germ.) : *traje, vestido*

JETÉ : fou
: *chteXemen* (manouche) : idiot, « piqué » (de l'allemand *stechen*)

JONC, JONCAILLE : or, lot important de bijoux ou d'or
: *sonkai* : or ; *sonakai* : *aurum* (Scaliger)
sonacay, sonagué (caló) : *oro* ; *sorno, sorna* : *id.*
sorno, sornu (Bar.) : or
scaie (Malav.) : *monete d'oro*
sonajuoli (fourb.) : *quattrini*
sonajoli (gerg. Milano) : *I denari*
shonk, shonky (slang) : *a jew*

JOUGE (en moins de) : en moins de deux
: *duj* : deux
dujènch (argot de chaudronniers ambulants de Locana) : deux
cas d'achoppement syllabique

LANCE, ANCE, LANCEQUINE, LANCEQUINER : eau, pluie, urine, larmes; pleuvoir, mouiller, uriner (LANCECAILLER); « eau : ance » (*Vie gén.*)
lasui (pl. *lasua*, sintopiémontais) : larmes; *asf-i* (tsig.) : larme
lenza, slenza, lussa, lissa, lossa, lüscia, lüsa (fourb., gerg. it.) : *acqua*; *lenzare* : *bagnare*; *lenzire* : *pisciare*
asf-i (tsig. balkanique), *asvin* (Kalderash) : larme; *asav* : moulin à eau; a donné le doublet VASE : eau, pluie, et son dénominal VASER, VASINER
ancia (calão) : *agua*
ansia (caló) : *agua*; *ansio* : *rio*
abba (Malav.) : *acqua*; *lambrosa, lampia, lenza* : *acqua, pioggia*; *lisciotto* : *orinatoio*
lâtsch (Rotw.) : *Kaffee*
lush (cant) : *strong drink*
to *lush* (slang am.) : boire de l'alcool
cf. LICHEUR, LICHETTE

LATTES (à coups de), LATTER : chaussures, pied chaussé, frapper à coups de pied

latedini : coup de pied, de sabot (cheval)
laht dava : donner des coups de pied
lattata (gerg. Rom.) : *colpo, pugno, percossa*

LIME, LIMACE, LIMOUSE : chemise (a le sens d'enveloppe d'un livre, au XVe s.) d'où la substitution homonymique :
lin, *lil* : papier, livre, lettre, etc.; du sanskrit *likh* : écrire; *likhita* : livre, en hindoustani qui a inspiré LIQUETTE (chemise)
lima (germ.) : *camisa*; *lia* : carta
luna (caló) : *camisa*
lima, limosa, mimosa (calão) : *camisa*
llima (Bar.) : chemise
lima, limatta (fourb.) : *camicia*; *carnifica della lima* (XVIe s.) : *carta da scrivere*
lîms, lyms (Rotw., *Liber Vagatorum*, 1510) : *Hemd*

LIMER : coïter longtemps; « lime gourne rivage » (« c'est le mariage des Gueux & Gueuses quand ils vont espouzer à la Messe; & comme ils disent ceste chanson en céremonies » *Vie Gén.*)
lim : pollution, souillure, glaire, semence
liniari (caló) : *licor*
lima : *pene* (Aretino)
leñe! (*por las mujeres*, arg. esp.) = *leche!* (interjection euphémistique)
liemen (Rotw.) : *freien*; *Türsch limen* : *Mädchen freien*

LOVÉ : argent, monnaie; sous la forme « pas un lové »; ne pas confondre avec *linvé* (vingt en *largonji*), ni *lobé* (*largonji* de beau)
lovo (pl. *lové*) : argent

loben (caló) : *dinero*
lodo (calão) : *dinheiro, oiro*
loaver (cant) : *money*
lowi (Rotw.) : *Geld*; *lobon* : *Weisspfennig*
lovi (gerg. it.) : *soldi, denaro*

LUCQUE, LUQUET : un faux certificat ; « nouzailles archisupost de la Monarchie argotique de l'authorité du grand Coesre fouquons pour Lucque authentiqces à toutimes qu'il appartiendra. Qu'avons mouchaillé le présent livre intitulé *Le Jargon ou langage de l'Argot reformé...* »
« lucque : faux certificat, maintenant faux passeport » (Vidocq)
likha (langue ancienne de l'Inde) : écrit
a donné *lihl* en gitan moderne : écrit, livre, document ; *lavo-lil* : dictionnaire
libañí (caló) : *documento*; *lel* : *cartera, librillo*; *lia* : *carta*; *libanar* : *escribir*; *libaneri* : *escritura*; *libanó* : *escribano*
luca (calão) : *carta*; *linguado* : *lettra commercial*
lucas (germ.) : *los naipes*
lucco (fourb.) : *portafoglio*; *portalucco* : *id.*
lillerota (Malav.) : *carta bollata*
lurk (cant) : *to beg with faked letters*; *lurker* : *a begging impostor equipped with sham documents, false letters, faked seals and crests and signatures, etc.*

MAQUILLER : farder (XIXᵉ s.), terme de l'argot du théâtre (cf. Bloch & Wartburg), ne pas confondre avec *maquiller* (travailler, en argot) qui, lui, vient du moyen-néerlandais *maken* (m. h.-a. *machon*, v. sax. *makon*) : faire (dont l'emprunt gitan est *menga*)
makh° : enduire, oindre, graisser, peindre
macarena (esp. pop.) : élégante, bien mise ; quartier de Séville et Vierge des Gitans

MARINE, MARIAGE, MARIEUX : justice, pendaison, bourreau (cf. Schwob, *Jargon des Coquillards*) ; « ilz appellent la justice de quelque lieu que ce soit la *marine* ou la *rouhe* » (Procès des Coquillards)
« Qu'au mariage ne soiez sur le banc » (*B.J.*, I) ;
« Pour la poe du marieux » (*B.J.*, V)
mar° : punir, battre, tuer, assassiner ; *maripe* : correction, meurtre, guerre ; *merist* : officier public, soldat
marar (caló) : *matar* ; *marardo* : *matador* ; *maramucha* : *capilla* ; *La Mariven* (arg. esp.) : *la muerte*
margherita (fourb.) : *corda* ; (MARGUERITE de Bourgogne : un des noms donné à la guillotine)

margniffa (gerg. Milano) : *la morte*
mareglia di maglia (Malav.) : *carabiniere*; (MARGREE, directeur de prison)
married (cant) : *chained or handcuffed together*
to ride the mare (Shakespeare) : *to be hanged*

MAROC : pain
maro, manro, marno, maru, malum, etc. : pain
manró (caló) : *pan*; *manrelorró* : *panadero*
marrella (calão) : *pão*
marim, maro, marum (Rotw.) : *Brot*
maròch, maròccó (fourb.) : *pane*
marmô (gerg. Tor.) : *il pane*
morro (romany) : *bread*; *manricley, maricli, merricley* : *a cake*

MARQUE, MARQUISE : femme, épouse, fille (*Arg. ref.*)
« *marquise* : maîtresse d'un adroit voleur. Terme des Romanichels. Les anciens voleurs nommaient ainsi les Bohémiennes dont le métier était de prédire l'avenir » (Vidocq)
mashkar : (au) centre, (au) milieu, au sein de, taille, ceinture
mashkarni : vulve (en hindoustani *markas* : le centre)
marca, marquida, marquisa (germ.) : *mujer pública*
marca tuna (caló) : *mujer lista*; *marquis* : *mujer pública*
marca (calão) : *puta, rapariga*
mark, merkin (cant) : *female pudend*; *market dame* : *harlot*
mockel (Rotw.) : *Frau*; *melkerin* : *Diebin während des Unzuchtsactes*
marcona (fourb.) : *donna, poi mese* (cf. MARQUÉ, MARCOTIN : mois de prison)
marcona (Malav.) : *matrimonio*; *marconati* : *sposi*; *marchese* : *mestruo*; *marcone* : *mercoledì* (cf. romani, *mash-*

kerduno diwes : mercredi)

MASTÈGUE, MASTÉGUER : nourriture, repas, manger
maas : viande; *masuno Xaben* : plat de viande; *masengro* : boucher
mas (caló) : *comida, carne*; *mascaroni, masesquere* : *carniceria*; *mascarunó, masesqueró* : *carnicero*
mosquir (calão) : *comer*
mass (Rotw.) : *Fleisch*
mass' (gerg. it.) : *carne di contrabbando*

MATHE : « A Parouart la grant mathe gaudie » (*B.J.*, I) : les larrons réunis pour la « cérémonie » de la pendaison
« *mate* était jadis, à Paris, le nom par lequel on désignait le lieu où les filous s'assemblaient pour tenir conseil entre eux; de là les locutions « enfant de la mate » ou « suppôt de la mate » au sens de filou, et notre mot *matois* admis dès la fin du XVIe siècle dans la langue française » (Auguste Longnon)
mahl, mala : camarade, compagnon, ami (hindoustani *majlis* : compagnie, société); *mahola* : communauté, assemblée, réunion; *mahlepen* : société, compagnie, confrérie, association, camaraderie, amitié; *mahliya* : réunion de Gitans; *mala* : bon, bien, amical (cf. *mala-vida, -vita*).
« *de mala entrada* » (Cervantes) : de la monarchie argotique
mahlen (Rotw.) : *Kamerad*; « *känn, Matthes : Ja, Bruder* » (mot de reconnaissance); *mackum* : *Stadt*
Matta, Maglia (fourb.) : Rome; *Magliána* : « ville en jargon » (Oudin); *contramaglie* : *villano, contadino* (*il contrario della maglia, della città*)

Matta (calão) : *Lisboa*
mate (cant) : *companion, comrade, friend*; *matin-bell* : *a thieves' meeting place*
mateyness (slang am.) : copinage

MAUHE, MOE : « *ferme en la mauhe* c'est celluy qui se garde bien de confesser riens a justice » (Procès des Coquillards)
mooi, mui : bouche, gueule, visage (*moi* : *os, oris*, Scaliger)
mui (calãó, germ.) : *boca, lengua*; *moquir, muquir* : *comer*
moquideira (calão) : *boca*; *mosquir* : *comer*
mùi (gerg. it.) : *faccia, muso, volto*
moey (slang) : *the mouth*
mug (slang am.) : bouche, gueule, face

MENGAVE : mendicité; faire la MANCHE : mendier
mang°av : mendier, demander, solliciter, chiner; *mangipen* : mendicité; *mongermengro* : mendiant; *mangamaskero lowo* : aumône
mangar (caló) : *pedir, mendigar, solicitar*; *mangante* : *mendigo*
mang (romany) : *to beg*; *mango-mengro* : *a beggar*
mung (cant) : *to beg*; *mump* : *to obtain by begging, to call at (a house) on a begging round*; *mumper* : *a begger, a half-bred gypsy*; *costermonger* : *seller of fruit, fish, vegetables, etc. from a barrow*
manghelista (gerg. it.) : *mendicante, accatone*; *andà a manghel* : *andare a mendicare*; *mancia* : pourboire

MERLAN : coiffeur, perruquier (XVIIIe s.)
morlaa (*mor°*) : raser, couper, tailler, tondre, laver
muradi : rasoir; *mormengro* : barbier; *murova* (manouche) : plumer

monrabar (caló) : *afeitar, esquilar*
moleccare (fourb.) : *tagliare*
mollacere (Malav.) : *lavamano*
aussi MOURON : poils, cheveux ; d'où l'expression « se faire du MOURON » (se faire des cheveux), et « ne plus avoir de MOURON sur sa cage » par attraction paronymique avec le *mouron* pour les oiseaux

MICHÉ, MICHET, MICHETON, MICHETONNER : celui qui paye pour obtenir les faveurs d'une fille ; se prostituer (Vidocq utilise l'expression « faire MICHÉ »)
mintsch : sexe féminin ; *mintsch, mindjé -dava* : se prostituer ; *mindjali* : prostituée ; *mintscher* : coïter
minche, miche (caló) : *vulva* ; *minchabar* : *parir*
musch, mouniche, moniche, minsch, mischl (Rotw.) : *weibliche Schaam, Hure* ; *tapemischl* : *eine leichfertige Dirne*
minikin, tickle the — (slang) : *to play the lute or viol with a sexual innuendo*
minge, mink (slang am.) : *female genitals*
mishé (gerg. Milano) : *uomo que paga i favori di una donna* ; *miscée* : *colombo da pelare, vecchio in caccia di amori a pagamento, anche miscerone e misciòn*
mindjédava (gerg. it.) : *cohabitare con una concubina*

MILLE : fille, femme (*Vie gén.*)
midyi : fille ; *may* : femme ; *mindro* : belle, fière
miji (fourb.) : *ragazza*
mina, minnula, minera, miniera, miniga (gerg. it.) : femme, fille, prostituée
mina de tango (Arg.) : *prostituta*

MIOCHE : apprenti, novice, enfant ; MOUJINGUE : jeune

garçon
mursh, mush, moosh, moss, mosj : mâle, garçon, homme
murshkerdino : viril (hindoustani, *mushka* : testicule; *muskara* : viril)
mushipen (romany) : *a little man, a lad*
coring or rye-mush (cant) : *a man*
mush (slang am.) : individu, petit « mec »
morsello (Malav.) : *figlio*; *michino* : *ragazzo*; *miccio* : *figlioccio*
brotamuchi (caló) : *mozo*
muchacho (esp., XVIe s.) : *adolescente, criado*

MOLLO : doucement, prudemment
domolo : doux, calme
domolisavav : se calmer, s'apaiser

MORGANER : manger, mordre (Vidocq)
muyal : mordre (de *mooi*° : bouche)
murguïr (caló) : *comer*
murca, meurca, meurqui (argot des Alpes piémontaises) : manger, nourriture
murris et *mufla* : bouchée, ont formé les doublets
MORFIER, MORFIGNER, MORFILER, MORFE, MORFIANTE,
etc.; « manger c'estoit briffer ou gousser, à présent c'est morfier » (*Arg. ref.*)
morf (Rotw.) : *Mund*; *mûger* : *Hunger*
muflir (caló) : *comer*
morfa, morfia, morfea, morsa (fourb.) : *bocca, fame*
smorfire (Malav.) : *mangiare*; *smorfire a niberta* : *mangiare nulla*
murph, murphy (slang, XIXe s.) : *a potato*

MOUCHE, MOUCHIQUE (XIXᵉ s.), **MOCHE, MOCHARD, MOCHETÉ** : laid (au propre et au figuré), mauvais (argot du théâtre, syn. *toc*); du point de vue bourgeois du linguiste F. Michel, viendrait du russe *moujik*

aussi **MECHI, MICHI** (XIXᵉ s.) : malheur

mischik : mauvais, méchant, faux, malfaisant, nuisible

mochliko : répugnant, dégoûtant, méprisable, négligée (femme)

mijiben : méchanceté, mal, maladie

« *miching Malecho* » (Shakespeare, *Hamlet*) : mauvais tour, méchante affaire

malleco (romany) : *false*

meschunne (argot des classes dangereuses de Vienne, XIXᵉ s) : *schlimm, böse*

mogiano (Malav.) : *illaudabile, biasimevole*

mosciarellàro (gerg. Rom.) : *impotente*

moocher, moucher, mutcher (slang) : *a tramp, a loitering thief, beggar*; *mockered* : *pitted (of a face)*

moocher (slang am.) : traîne-savates; *to put the mockers* : porter la « poisse »; *to put the mozz* (Austr.) : *id.*

chorré (caló) : *feo, deforme, malo, perverso*; *chorripen* : *astucia, fealdad*

par aphérèse

MOUFTER : protester, parler, argumenter; ne pas **MOUFTER** : se taire

moth⁰av : dire, expliquer, manifester, montrer

mothodivav : avouer, confesser, faire voir; *mothodipe* : aveu, d'où le **MOUTON** : « espion placé par la police auprès d'un prisonnier dont il doit chercher à acquérir la confiance, afin d'en obtenir des révélations » (Vidocq)

mufo (gerg. it.) : *delatore, spia*; *muffiare* : *fare la spia*; *mouton* : *delatore professionale al soldo della polizia*; *muffa* : *polizia*
mufuto (Malav.) : *spia*
madabbern (Rotw.) : *sprechen, sagen, plaudern, reden*; *mosern* : *plaudern, schwatzen*; *muff* : *Böse, Hass*, cf. MUFE, MUFLE
not to say muff (slang) : *not to say a word*
ni mu (arg. esp.) : *absolutamente nada*

NATCHAVER (se) : s'enfuir, prendre le large
nash°av : fuir, courir, se sauver, s'enfuir; *nashdino* : évadé
nashav-av : chasser, ruiner, détruire, perdre, anéantir, tuer, voler; *nashado* : perdu, enlevé, détruit, tué, volé; *nashapaskero lurdo* : fantassin; *nasheskero* : messager, coursier; *nashaldo* : vagabond; *nashpaskero* : déserteur; d'où NARQUOIS, soldats maraudeurs « drilles ou narquois sont des soldats qui truchent la flambe sous le bras, et battent en ruine les entifles et tous les creux des vergnes » (*Arg. ref.*); a désigné aussi l'argot lui-même, 1640 (Oudin)
najabar, najabelar (caló) : *desperdiciar, perder, disipar dinero*; *najipen* : *devastación*; *najira* : *bandera*; *najar, najarar* : *correr*
nashen (Rotw.) : *fliehen*; *ausnaschen* : *ausgehen*; *durchnaschen* : *durchlaufen*; *vernaschen* : *entfliehen*
nash (cant) : *to go away from, to quit persons or place*

NAVE, NAVET : un tel, synonyme de « cave », quidam, nul; le champ de NAVETS : le cimetière

nav : nom; *lap* (manouche) : *id.*
asnao (caló) : *nombre*; *navio* : *cuerpo*
nase (germ.) : *nombre propio*
nab, nob (slang) : *the head*; *a neb* : *a face, especially a woman's*; *my, your, his nabs* : *myself, you, he*
lavo (Bol.) : *nome*

NAZE, NAZI, NAZEBROQUE : malade, syphilitique, corrompu, cassé
naselo : malade; *nasul* : mauvais
nasalo (caló) : *enfermo*; *busnó de ler nasalé* : *enfermero de cárcel*
nace, nase, nasy (cant, XVIe s.) : *of liquor intoxicating*

PAGAILLE, EN PAGALE (1836) : désordre, bouleversement, confusion
phag⁰ : rompre, briser, éclater, bouleverser ; *phago* : hors d'usage
pagring, phagyripe : destruction, ravage, bouleversement
poggra (romany) : *broken* ; *poggra-mengri* : *mill* ; *poggado-habben* : *broken victuals*
pogy (cant) : *tipsy* ; *peck* : *food, to eat*
pagghiàri (gerg. Palermo) : *mangiare* (litt. « casser la croûte »

PAGE, PAGEOT, PAGER : lit, coucher
pasch⁰av : coucher, étendre ; *paschlow* : s'allonger, s'étendre
paschlo : couché, alité ; *pashlin* : lit
pad (cant, XVIᵉ s.) : *bed* ; *padding-ken* (XIXᵉ s.) : *tramps' lodging-house* ; *paddock* : enclos à chevaux, d'où PADDOK, PADOC : lit
patume (fourb.) : *letto*
to pad down (slang am.) : se coucher

PALLAS : exagération, boniment; PAILLASSE : amuseur professionnel
payas (du sanskrit *pari-hasa*) : plaisanterie, farce, raillerie
baya (caló) : *broma, guasa*

PALLOTS, PALOTS : paysans (*Arg. ref.*); PALLOTE : paysanne (Vidocq)
payo, paya (caló) : *para los gitanos, persona que no es de su raza*; *pailló* : *hombre, individuo, jornalero*
paling (argot des colporteurs de Tignes, Savoie) : paysan
paljo, paljel (argot des chaudronniers des Alpes piémontaises) : village
pài, paìn (gerg. Ver.) : *contadino*

PANTE : naïf, victime désignée
pand⁰ava : croire, avoir confiance, se fier
panchabar, panchibelar (caló) : *creer*; *panoli* (pop.) : *tonto, cándido*
pansisquear (Bar.) : croire

PARRAIN : au sens de témoin (à charge), avocat, juge (XVIIIᵉ s.)
phar⁰iav : charger, peser, faire pression, accabler; *phari diz* : prison, cachot
padrinho (calão) : *testemunha*
paripen (caló) : *peligro, riesgo*

PASSE : étreinte d'amours rapides; substitution, tour d'adresse

patcherava, patsarav : entourer, envelopper, emballer, couvrir, rouler, entortiller
pajabar (caló) : *palpar, tocar obscenamente*; *pajabañi* : *tocamiento*; *pajaboy* : *tacto*; *pajari* : *toque*; *pajillera* : *prostituta*
la *pastosa* (Bar.) : langue; cf. rouler un PATIN
pazh (gerg. dei girovaghi) : *sporco, sùdicio*
to make a pass at someone (slang am.) : flirter, faire du « rentre-dedans »

PATINS (prendre, chausser les) : prendre le parti de quelqu'un, au sens de prendre la défense, relever l'outrage, épouser la querelle, défendre l'honneur; assister
patin, pativ, pachiv : honneur, réputation, dignité; *patchivali* : vierge, pure; *patchivalo* : honorable, respectable, digne
pachiba (caló) : *honor, honra*; *pachibar* : *honrar*; *pachibelar* : *aceptar, estimar, honrar*; *pachi* : *virginidad, virgo*; *espachilar* : *desflorar*; «*pasar por la calle de la Pasa*» : *casarse* (Madrid)
(a) *pacha* (germ. puis pop.) : *de acuerdo*
pachacha (calão) : *pudendum mulieris*
patch (slang) : *the female pudend*
to have a pash on someone (slang am.) : être amoureux, en « pincer » pour; *patch* : territoire, chasse gardée
poss (Rotw.) : *vulva*; *basmaichl* : *die weibl. Scham*; *pachulken* : assister un prisonnier
passera, passerina (gerg. it.) : *vulva* (nom donné par les Florentins à une petite place de l'oltr'Arno où s'élevait autrefois une maison de plaisirs); *cacciapàssere* : *donnaiolo*

106

par extension, fête, festin, réjouissances
pachivar : fêter quelqu'un, donner un repas, recevoir
paccalin (gerg. Milano) : *caffeuccio, ritrovo di bevitori, luogo di divertimento*
baccalin (gerg. dei girovaghi) : *ha valor estensivo di « paese »*; *paccalino* : *carcere, casèrma, villàggio, quartière, strada, luogo*
cf. PÂQUELIN, PATELIN : chez soi, son village, son pays; compatriote

PERSIL (aller au), PERSILLER : aller à la recherche du client (pour une prostituée), faire le trottoir
pirsling, piro, pirno, pinro, pjerro, etc. : pied, jambe
phir⁰ : marcher, travailler, traîner, errer, courir (au sens de débauche), courtiser. Cf. PIERREUSE
pirar (caló) : *andar, caminar, marchar, pisar*; *pira* : *azotacalles* (pop.); *pirabelar* : *fornicar*; *pirandon* : *putañero*
darse el piro, irse de pira (esp. pop.) : équivalent à « se faire la PAIRE » et sa métathèse ARPION
pirar-se (calão) : *escapar*

PÉTASSE : prostituée occasionnelle, débutante
betaza, pedaza : prostituée
pedra, pedrina (gerg. Berg.) : *sgualdrina*; *pedriner puttaniere*

PIGER : comprendre, saisir
pindjar : saisir, comprendre, connaître
pinchar (caló) : *conocer*; *pincherar* : *percibir, reconocer*; *pincharador* : *conocedor*

PIONCER, PIAUSSER, PEAUSSER : dormir; PIEU : lit; SE
PIEUTER : se coucher

« Et déliberasmes de peausser en un bon village »
(*Vie gén.*)

« piot : un lict; piausser : se coucher » (*Arg. ref.*)

« on explique ordinairement *pieu* comme étant la forme picarde de *peau*, sans rendre compte du changement de genre » (Bloch & Wartburg)

l'étymologie « peau » est un exemple d'anachronisme. Les vagabonds dormaient évidemment sur la paille ou le foin, dans les granges; et non sur les peaux de bêtes

phus^o : paille, foin; *pos, phoss, poos* : lit

pus (caló) : *paja*; *posuno, pusano* : *granja, cortijo*; *piltra* : *cama*

punida (calão) : *palha*; *peltra, perola, pilra, piltra, pilula* : *cama*

puss (Rotw.) : *Heu*; *pau* : *Schlaf*; *paufen, pofen, pausen, posen* : *schlafen*; *piölte* : *Bett*

pattume (fourb.) : *letto*

poltra, poltri, poltro, poltirero (fourb., gerg it.) : *letto*

« *tirare al portrione* » : *derubare uno che dorme* (Malav.)

« *vai a pié* » : *va a dormire* (argot des mineurs d'Usseglio, Alpes piémontaises)

potte, piossa, pautro, piaussâ : lit, dormir, se coucher (argots de métiers cités par Dauzat)

PIPE : cigarette

pi^o, piv, pip, pib : fumer; *piyaduno, pimaskeri* : cigarette

pimar (caló) : *fumar*; *pito, pitillo* : *cigarrillo* (pop.)

paivo (calão) : *cigarro*

pilmern (Rotw.) : *rauchen*; *pifferling* : *Zigarre*; *pipendre-*

her : *Cigarrenmacher*
piva, pipposu (gerg. it.) : *sigaretta*

PLOUC : paysan
plugisar : labourer
plugo : charrue (du roumain *plug*)

POULE, POULET, POULAILLE, POULAGA, POULMANN : police, policier
pul, puhl : fondement, postérieur, anus (doublet de *bul, bool*, voir plus haut à BOL) ; au sens d'être « possédé », en plus de l'homophonie
alta pula, pula grande (Malav.) : *corte d'assise* ; *polla* : *guardie, sbirri* ; *pula* : *drappello di P.S. in uniforme* ; *puglia* : *polizia*
a poll-thief (cant) : *an informer* ; *pole-axe* : *police*
pool (Austr.) : dénoncer, moucharder, balancer ; *poonce* : homosexuel
pull in (slang am.) : arrêter, embarquer
pollende, poliquetsch (Rotw.) : *Polizei*
parallèlement : POULE, POULETTE, POULIE, POULICHE, POLKA : femme, fille, maîtresse, prostituée
poll (slang) : *a woman, esp. a harlot* ; *to poll up* : *to court, live in concubinage* ; *a good, bad poke* : *a sexually expert or cold woman*
pull (slang am.) : draguer, « baiser »
pellonna (gerg. it.) : *prostituta, sgualdrina* ; *farsi una pelle* : *possedere una donna* ; *pollanca* (Napoli) : *ragazza che si dà alla prostituzione*

POUR (du) : contrevérité, mensonge (Vidocq)
pura : accusation, dénonciation ; *purisar⁰, p'ukher⁰* :

dénoncer, accuser, trahir, avouer, confesser, dire, etc.

en Provence, POURRIR quelqu'un, c'est l'accabler de reproches, le traiter de tous les noms

pucanar (caló) : *anunciar, pregonar*; *puchabar, puchabelar* : *cuestionar*; *puchar, puchelar* : *llamar, nombrar, preguntar*

puckering (cant) : *private talk*

au sens d'annoncer, faire une annonce, parler comme dans *pokkering-bar* : borne kilométrique (litt. « la pierre qui parle »), on a aussi POKER (jeu de cartes)

POUSKE, POUCHKA : fusil, revolver, pistolet
pushka : arme à feu
pusca (caló) : *escopeta*; *prusca* : *pistola*
pacochim (calão) : *clavina, trabuco*
pusla (Bar.) : pistolet
putschka, buschge (Rotw.) : *Flinte, Pistole*
puschitini (Malav.) : *esplosione di fucile*

PRALIN, FRALIN, FRELO, FRANGIN : frère
phral, pal, bral : frère, camarade
plaloró, planoró, plas (caló) : *hermano*; *panal* : *amigo, confrade*
brahl (Rotw.) : *Bruder*
pal (cant) : *an accomplice, a friend*; *to pal* : *to associate with*; *pally* : *friendly*; *palliness* : *comradship*
palsy-walsy (slang am.) : à tu et à toi : *to pal up* : se lier
palo, frullino (Malav.) : *complice*; *frallina* : *donna dedita al borseggio*

PRINCE ou **LINSPRE** (en *largonji*) : quelqu'un de reconnu, joue sur l'homophonie de prince
« Princes, errière de Ruel » (*B.J.*, II), détournement de la forme fixe de l'envoi dans une ballade
prinschevava : connaître, apprendre ; *prinschedo* : ami, connaissance, frère
pincherar, pincherelar (caló) : *conocer*
pincho (arg. esp.) : *rufián, matón*
d'où PECHON de Ruby ou si l'on préfère : *gentilhomme cambrioleur*
prisge (Rotw.) : *Brüder, Schwester* ; *proscher* : *Dieb*
prig, prince (cant, XVIIe-XIXe s.) : *a king of the Gypsies, also a topthief, a notable (or) important thief, or a very important fence* ; *prigger, prigster, prigman* : *a thief* ; *prigging law, -lay* : *thieving business, theft*

PYON : buveur, « meilleur pyon, pour boire tost et tart » (Villon, *Testament*)
PIARDE : boisson, « gourde piarde », (*B.J.*, III)
PIVOYS : vin (*Vie gén.*) ; « le pivois battoche, c'est le vin est bas » (*Arg. réf.*)
PIOLE : auberge (1800)
et tous les dérivés : PIVE, PIF, PAF, PIONNARD, POIVRE, etc. L'origine du mot argotique *pier*, qui apparaît au XVe siècle, est demeurée obscure. Rien ne permet de le rattacher à un *pier* hypothétique de l'ancien français, qui n'a eu aucun avenir dans le sens qui nous intéresse. Le philologue Scaliger donnait en 1597, *piava* : *ego bibo*, dans son « lexique tsigane » sans faire de rapprochement. La multitude des mots provenant du même radical, tant en argot que dans tous les dialectes romani, favorise la thèse d'une origine gitane

pi⁰, piav, piv, piaba, biava, bibawa, piau, pee, pila, etc. :
boire (langue ancienne de l'Inde, *pi* : boire ; Sanskrit : *pā*)
piven : boisson ; *pi* : goutte (eau-de-vie) ; *pilo* : ivre ;
piyalo : aubergiste (« dans le mystère de *La Vie de Saint-Christophe* (1530), *gourd piard* ou *gourd pie* désigne un cabaret », A. Longnon)
biteno beto, bedo : buveur, ivrogne (cf. BITTURE, se BITTURER : s'enivrer)
piyar (caló) : *beber, engullir* ; *pilé, pilli, piyi* : *borracho*
pio (germ.) : *vino*
piar (calão) : *beber* ; *pio, piovês* : *vinho* ; *purrio* : *bebado* ; *perunxa* : *bebedeira*
pillar, privar (Bar.) : *beure* ; *paperina* : ivre
piola, pioda (fourb.) : *albergo, trattoria, osteria*
piolista de la piola (Malav.) : *padrone della taverna* ; *serenata alla piola* : *scasso in un albergo*
pìmes (gerg. Cremona) : *ubriaco* ; *bibi* (gerg. Milano) : *ubriaco*
pôjen, piffen, pafen (Rotw.) : *trinken* ; *plar* : *Getränk*
pifflicated (slang am.) : ivre ; *plonk* : gros rouge
tapiyar, tapiyelar (caló) : *beber* ; cf. TAPIS : auberge, cabaret (Vidocq)
TAPER : enivrer

QUIMPER : tomber (dans un piège), piéger, condamner
kambo, *kombo* : lacet, nœud coulant
kapkamo : piège, trappe

RABOUIN : d'abord diable (XIXᵉ s.), puis un Gitan (même glissement que pour « chtimi », désignant les gens du Nord)
beng, benja : diable, gendarme ; *benghipe* : folie
te Xal o beng (...) : formule de malédiction courante, équivalant à « que le diable t'emporte »
rabuino (fourb.) : *diavolo*
rabão (calão) : *diabo*
bengui (caló) : *diablo* ; *dengue* : *demonio* ; *duende* : *espíritu, encanto*
bennisch, ben (cant) : *a fool* ; *to bend* : *to drink hard*
to go round the bend (slang am.) : devenir fou, perdre la tête ; *bender* : cuite, saoulerie

RACKET (XXᵉ s.) : escroquerie, chantage, extorsion de fonds, « protection »
rakhᵒ ; *arakh* : veiller, surveiller, protéger, couvrir
rakhepaskero : protecteur
aracatear (caló) : *guardar*
rocchetta, rocchettone, roccol, ruga (gerg. it.) : *lenone, sfruttatore di prostitute, protettori* ; *rocchia* (gerg.

Napoli) : *banda, gruppo di ladri*
racketty (cockney) : *shady*; *racket man* (slang) : *a thief*;
racket : *any illicit occupation*; *reek* : *money*
to stand the racket (slang am.) : payer les frais
cf. RAQUER : payer

RAILLE : police (XIXe s.) « les inspecteurs du Bureau des
mœurs sont des *rails* dans le langage des prostituées » (Parent-Duchâtelet)
rai, ray, rye, rey : homme important, noble, policier
(hindoustani, *raj* : dominer)
eray (caló) : *caballero, señor*
jailoso (Colombia) : *se dice del aristocrata, o de la persona que pretende serlo*
Romany rye (slang) : *a gentleman who talks and associates with Gypsies* (cf. Borrow)
to do the royals (slang am.) : dénoncer ses complices
contre une remise de peine
rai (Malav.) : *giudice di tribunale*; *rai della pula* : *questore di P.S.*; *rai del cresù* : *procuratore del re*

RASE, RAS : prêtre; « ils appellent un prebstre ou aultre
homme d'église un *lieffre* ou ung *ras* » (Procès des
Coquillards)
RASTICHON : un prestre (*Arg. ref.*); serpeliere à
RATIC : en robe de prestre
RAZE, RAZI (XIXe s.) : prêtre
rasay, rashai : homme d'église, religieux
erajay, arajay (caló) : *clérigo, cura, fraile*, etc.
raso (calão) : *frade, padre, abbade*
rascia (fourb.) : *curia*
rat (slang) : *a clergyman*

RAT : voleur opérant de nuit, « courir le RAT », « coureur de RATS »
rat, rati, arachi : nuit
arachu, tarachi (caló) : *noche*
araig (Bar.) : nuit
ratœira (calão) : *casa onde se reunem ladrões*
rache (Mex.) : nuit
ratte (Rotw.) : *Nacht*; *ratiginger, rategänger* : *Nachtdieb*
ratavôloira (gerg. Piem.) : *Prostituta*, « *prinsispëssa d'la serena* »

RIDER : élégant, chic, costume d'homme
riv°, rider : habiller; *ripen, riben* : costume
refazzonare (fourb.) : *vestire, far bello*

RIPER, RIPE (jouer), s'échapper, s'enfuir, faire vite
anagramme de *pir, phir*; jambe, courir; RIPATONS
pirengero : policier, gendarme; contracté en *pig*
outre-Atlantique
rip (slang) : *a quick run, a rush*
to rip (slang am.) : foncer
pirarse, pirelar (caló) : *huir, escaparse, andar a prisa, marcharse*
ir na pireza (calão) : *safarse*; *pirar* : *fugir*
pirengo, pirescolo (gerg. it.) : *carabiniere, poliziotto, guardia in genere*

RIVER : coïter (*Vie gén.*); RIVART : paillard; RIVARDE, RIVETTE : putain, fille; RIVANCHER (XVIIIe s.); RIVEUSE : concubine; gaux de RIVERIE : morpions; Vidocq donne pour RIVETTE : jeune sodomite

Xiv⁰ : trou (sens obscène); *Xivar* : transpercer; *Xevyar* : coïter

rulé (caló, germ.) : *trasero, culo, ano*; chivarse (arg.) : *penetrar*

chivar (Cuba, Arg.) : *fornicar*

to rifle (cant, XVIIᵉ s.) : *to coït with*; rivetted (XVIIIᵉ s.) : *married*

RÔDER : apparaît au XVᵉ siècle, origine obscure; RÔDEUR (1539)

rod⁰ : chercher, rechercher, épier, guetter

orundar, orotar, orotelar (caló) : *buscar*; *orotador* : *buscador*

randa (gerg. Lomb.) : *vagabondo, barbone*

« *Rot bezeichnet im Rotwelschen den Bettler* » Alfred Götze

rottun (niederdeutsche *Liber Vagatorum*, 1510) : *bedeler*; *rotten* : *bedelen*

Röter (Rotw.) : *Freybettler* (XVIIIᵉ s.)

roge, rogue (cant, XVIᵉ s.) : *to be a beggar, a vagrant*; *rogue* : *a professed beggar of the 4th order of Canters* (XVI-XVIIᵉ s.); *roger* : *a beggar pretending to be a university scholar*

ROUHE, ROUE, ROE : « ilz appellent la justice de quelque lieu que ce soit la *marine* ou la *rouhe* » (Procès des Coquillards)

« Devant la roe à babiller/Il babigna pour son salut » (*B.J.*, II)

« le supplice de la roue, d'origine germanique, n'était guère appliqué, avant le XVIᵉ siècle, que dans les régions limitrophes de l'Empire, où l'on disait alors *enrouer* "rouer" » (Bloch & Wartburg)

ROUÂTRE : prévôt de maréchaussée ; ROUART : archer de police

autres formes : ROUAUX, ROVEAUX, ROULIN, ROUHIN, ROUEN (officier de gendarmerie), ROBINS (juges, *Chauff. d'O.*)

plus près de nous : ROUSSE (police de sûreté), le mec de la ROUSSE (préfet de police) ; ROUSSIN (agent de la sûreté) ; ROUSSARD (agent des mœurs) servis par ceux qui ROUSSINENT (mouchardent, indiquent) : ROUSSE, ROUSSI, ROUSSIN. De là la locution « ça sent le roussi »

rui, rovli, rovil : verge, bâton, gourdin ; *rovljalo* : gendarme, fouet

ruiva (calão) : *policia*

la guvá (caló) : *la justicia* ; *grullo* : *alguacil* ; *ran* : *palo*

barandar (arg. esp.) : *castigar, imponer pena* ; *barander* : *juez* ; *baranda* : *director de presidio* ; *baranda mayor* : *gobernador*

guro (germ.) : *alguacil* ; *gura* : *la justicia* (Cervantes) ; *gurapa* : *galera*

gura (Bar.) : *municipal* ; *rússia* : garde municipal à cheval

guves (Rotw.) : *Prügel* ; *gufen* : *prügeln*

roast (cant, XVIIe s.) : *to arrest* ; *smell of the roast* : *to get into prison* ; *rosser, rozzer* : *a policeman* (XIXe s.) ; *roosher* : *a constable*

rozzer (slang am.) : policier

rùssola (gerg. Ven.) : *spia, delatore, informatore de la polizia*

RUPIN : riche ; RUPIOLE : damoyselle (*Vie gén.*) ; RUPIN : un gentilhomme (*Arg. ref.*) ; ROUPIN : bourgeois (1800)

rup : argent, parfois or (du sanskrit *rûpya*)

rupia (arg. esp.) : *peseta*
rupim, rupino (calão) : *rico*
ruspante (fourb.) : *fortuna*
berappen (Rotw.) : *Geld bezahlen*; *ruppig* : *schuldig*
rapless (slang) : *penniless*

SANGLIER   prêtre, aumônier des prisons; CHIQUE :
église
*kchangeri, changari, cangri, kangeri, gangeri, kannali,
kannari* : église
kangerengero : fonctionnaire ecclésiastique
cangri (caló) : *iglesia*; *cangaripé* : *templo*
cangri (arg. esp.) : *cárcel*
cangarina, gangarina (calão) : *igreja*
cancri (Malav.) : *chiesa*; *santocchia* : *chiesa*; *santina* : *carcere*
canvir (Camorra de Naples) : église
sancke (Rotw., XVIe s.) : *Kirch, Tempel*; *kancheri, kangrin, kangeri, kangerle* (XIXe s.) : *Kapell, Kirche*; *sangsen* : *in die Kirche gehen*

SAPEMENT, SAPER : condamnation, condamner; SAPEUR
juge; SAPIN : gendarme
tsapina : justice, jugement; *tsepani* : liens, cordes, couronne, justice
sapla (caló) : *sentencia*; *saplar, sapelar* : *acusar, condenar*
serpente (fourb.) : *anno di prigione*

SCHMITT : gendarme
schmito : policier, gendarme, celui qui met les menottes ou les fers (de l'allemand *Schmied* : forgeron)
schmito (manouche) : maréchal-ferrant
smàrti (gerg. Tor.) : *carabinieri*

SCION, SCIONNER : couteau, donner des coups de couteau
tschin° : couper, trancher, tailler; *shindalo* : couteau, poignard; *tshinepen, shinimos* : blessure au couteau
chinar (caló) : *cortar, rajar*; *chinelar* : *segar*
tomador de chino (germ.) : *ladrón que escamotea cortando la parte de prenda donde calcula que está el objeto del robo* (le *Barrio chino* de Barcelone n'a rien de chinois. C'est le quartier où sévissaient les coupeurs de bourse)
xi (Bar.) : couteau
chivy duel (cant) : *duel with knives*
shiv, chev, chive (slang am.) : couteau, rasoir
ciapull (gerg. Piem.) : *coltello*; *ciapullé* : *il taglio*
schinippo (gerg. it.) : *coltello*; *schinopare* : *dar di schinippo*

SEC (aussi) : immédiatement
sik, sig : aussitôt, vite, rapidement, au plus vite, etc.
sigo, singo (caló) : *prontamente, presto*

SERRE, SERT (faire le) : surveiller, mettre en garde, faire le guet (XIXe s.)
sherish : aux aguets; *sherisharav* : épier, surveiller, espionner
strèvuse (Malav.) : *complice in furto che staa guardia*
santero (arg. esp.) : *ladrón que queda de centinela, para advertir de algún peligro a los otros*

SIRE : niais, « ung homme simple qui ne se coignoit en leurs sciences c'est ung *sire* ou une *duppe* ou ung *blanc* » (Procès des Coquillards)
sir : ail (désigne chez les Gitans le « blanc », par opposition à *kalo* (noir), l'étranger au groupe, celui dont on se méfie)
« Pour les sires qui sont si longs » (*B.J.*, III) (« c'est-à-dire les sires — qui jouent les niais — et qui sont si longs — si subtils en la science de la coquille ou de la tromperie —. Cette explication éclaire la ballade de Villon, qui paraissait contradictoire ». M. Schwob)
messere, messire (fourb.) : *ignorante, quegli che ha da essere derubato*

SOIE (sur la) : sur le dos, les épaules
zeia : dos, échine, épaules

SORNE, SORGE, SORGUE : nuit
sow^o : dormir (hindoustani : *sona*) ; *soben* (manouche), *sooty* : sommeil
sobar, sobelar, sornar (caló) : *dormir* ; *sestar* : *reposar*
sorna (germ.) : *noche* ; *buscador de sornas* : *ladrón que roba a los dormidos*
sonar, sornar (calão) : *dormir* ; *sorna* : *cama*
surnar, surneiar (Bar.) : dormir
sornia (argot des colporteurs de Tignes) : nuit

SURIN, SURINER, SURINEUR (CHOURINEUR au XIXe s.) : couteau, poignarder, celui qui frappe au couteau
churi : couteau ; *tschurav, churinar* : poignarder
churi (caló) : *cuchillo, puñal, navaja* ; *churinar* : *acuchil-*

lar, asesinar, herir; *churinaró* : *asesino*
churry (cant) : *knife*
churinar (calão) : *esfaquear, dar facadas*
schuri, schurig, t'schuri (Rotw.) : *Messer*
xuri (Bar.) : couteau
cerino, ciurin, girinu (fourb.) : *coltello*
céri, cerino (Malav.) : *coltello*

TABAC (faire un) : remporter un succès immédiat (argot du théâtre, antonyme « four » : échec complet)
thabar : allumer, incendier, chauffer
tabila : fièvre

TABAC (passer à), TABASSER : rouer de coups, frapper longuement et durement
dab, *dap*, *tab*, *tabba* : coup ; *dav daba*, *tapdava*, *dabbava* : frapper, blesser, battre, rosser
thavatar (argot des chaudronniers piémontais) : frapper
duff up (slang am.) : rouer de coups

TAF (avoir le), TAFFER : avoir peur (XVIe s.), TAFFEUR : poltron
« vous commencez par tirer en valade, puis au grand truc vous marchez en taffant » (Lacenaire, 1836)
TAFFETAS (argot des comédiens)
thahr, *dar* : peur, angoisse ; *tahrawa* : craindre, avoir peur
darajimos, *daramata* : angoisse, épouvante, couardise

dra, dradai, aaranali (caló) : *miedo, temor, espanto*
taf, tàfa, taffa (gerg. it.) : *paura, diffidenza*

TAFFE : bouffée de tabac, cigarette
thuwᵒ, toof : fumée, bouffée, vapeur; *thuwali* : cigarette, tabac; *t'uwj* : fumer
truján (caló) : *tabaco*; *trujandi* : *cigarro*
trucant (Bar.) : tabac; *tragandil, tranjandil* : tabac
tab (slang am.) : cigarette; *tab-end* : mégot
Dow're, Dowerich (Rotw.) : *der Tabak*
tufano (Malav.) : *tabacco da naso*

TAPIN : gendarme (*Chauff. d'O.*); TAPINER : amener (*Chauff. d'O.*), racolage des passants dans la rue, par une fille publique; TAPIN, TAPINEUSE : fille de trottoir
taperᵒav : saisir, attraper, surprendre (de l'allemand *ertappen*)
tap (slang, XIXᵉ s.) : *to arrest*
tapern (Rotw.) : *gehen, wandern, herumstrolchen*; *tapemischl* : *leichfertige Dirne*
tappina (gerg. Sicilia) : *prostituta*
tappu d'aciu (*vecchia Mafia*) : *guardia di P.S. che procede da solo*

TCHAO! : interjection, salut
« de l'italien *schiavo!*, serviteur! » avance Gaston Esnault, suivant ses confrères italiens. Cette étymologie conviendrait mieux à des Japonais qu'aux affiliés des classes dangereuses
tschawo, ciavo, chau, chavy : garçon, jeune, enfant, fils, ami (hindi : *chavanā*, enfant); *tschai, shei* : fille, jeune

fille; *tschavalo* : jeune homme, ami; *tschavale*! vocatif pl. de tschavo : amis!

chal (romany) : *lad, boy, son, fellow* (« *connected with this word is the Scottish Chiel, the Old English Childe, and the Russian Chelovick* » G. Borrow)

chal (slang) : *a man, a fellow; shaver : fellow; chap : friend, fellow* (cant, XVIIe et XVIIIe s.)

chabal, chaval, chabea (caló et pop.) : *joven, mozo, hijo; chabi, chabori* : *niña, hija; chabalillo* : *mocito, muchachuelo; chaboro* : *hijo; chaborro* : *adolescente; chai* : *niña, prostituta*

jai (cheli de Madrid) : *mujer joven y atractiva; chorvo* : *el que acompaña a una jai*

xaval, xavala (Bar.) : *jeune garçon; xava, xaveia* : fille *ai chai!* (calão) : *ó tu!*

chawwer (Rotw.) : *ein Diebeskamerad, Diebgesellschafter; chewruse, chawwerusche* : *Bande, Kameradschaft; chäiz* : *Junge; chey* : *Frau*

ciai (gerg. it.) : *contadino* « *Il senso dato dagli Zingari a questa voce ha fatto sì che essa sia stata appunto nel senso di "giovane", "ragazza" in vari gerghi europei e di "contadino, uomo [non zingaro]" in quelli italiani* », Tagliavini-Menarini, *Voci zingari nel gergo Bolognese*)

cifo, cifon (fourb.) : *ragazzo*

young shaver (slang am.) : gamin, gosse, môme; *cheers!, cheerio!* : au revoir!

sheila (Austr.) : jeune fille, jeune femme

cajri (Alpes Piémontaises) : fillette

CAILLE : « mot parmi la centaine qui désigne les "folles femmes" (in *Verba erotica du* XVIe *s.*, Le Duchat et de l'Aulnay)

SALÉ (petit) : jeune enfant, jeune maîtresse, môme

DEMI-SEL : faux voyou, individu peu sûr

TCHATCHER : bavarder, se vanter
   tchatcheraba : parler, dire la vérité; *tchatcho* : vrai, authentique
   chachipen (caló) : *verdad*; *bachijuñi* : *habladuria*
   chacharear (esp., pop.) : bavarder
   chiacchierone (Malav.) : *giornalista*

T'CHI (que) : rien; CHICHI : vaine complication
   kek : aucun
   tchi : pas, rien; *tschitschi* : rien; *tschitscheske* : vainement
   chi, chichi (caló) : *nada*; *chichiar, chinar* : *nadar*; *chinitas* : *palabras de doble intención* (*Hay chinitas que si, hay chinitas que no*)
   chi, chichi, chiti (romany) : *nothing*
   gis (argot des mineurs d'Usseglio) : « *l'ai gis : non ho nulla* », rien
   stier (Wiener, XIXe s.) : *ohne Geld*
   sur le même modèle : que DALLE (de *Thaler*, monnaie autrichienne : *Ich bin Dallers* (Rotw.) : *Ich habe kein Geld*) ou *kek lové* (manouche) : pas d'argent, pas un sou (le Rotwelsch a *Lowen* pour *Thaler*, et *doul, daul, taul* pour *pfennig*)

TIRE (haut de, bas de), TIRANTS : d'abord chausses, « cette manière de bas ou de caleçons à semelles de cuir qu'on appelait *chausses semelées* » (P. Champion); désignent les bas au XIXe siècle : TIRANT radouci, bas de soie
   dans les parlers gitans nous ne trouvons bien sûr que le sens actuel
   tiraX : bottes, chaussures

tirajaiche, tirajay, tirabañi (caló) : *zapato, calzado*
tirantes (calão) : *calções*; *tiragais* : *sapatos*
tirache, tirie (argot des chaudronniers des Alpes piémontaises) : pantalon
tire, tiranti (Malav.) : *calze, calzetti*
träy (Rotw.) : *Hose*

TOQUARD, TOC : chez les dompteurs et dresseurs, l'animal dangereux, impulsif aux réactions imprévisibles; désigne le mauvais cheval, capricieux et dangereux. Au *catch*, le lutteur qui cesse parfois de jouer la comédie pour se battre réellement
métathèse de *tarako* (de *thahr, dar*) : craintif, effarouché
daravno : dangereux
darañali (caló) : *alteración, commoción, temor*; *daraño* : *turbación*; *darañoy* : *temeroso*

TORTORE : nourriture, repas
tatar⁰av : cuire, chauffer, réchauffer

TRAC, TRACZIR : peur
trach : crainte, angoisse (sanskrit, *trāsa*)
traquí (caló) : *abatimiento, consternación*

TRÈPE, ENTRÈPER : public rassemblé, attirer le badaud
« quand il y a du monde, on dit "il y a du trèpe ce soir"; c'est du gitan ou de l'argot, je ne sais pas » (André Robbe du cirque Pinder, cité par Hugues Hotier, *Le vocabulaire du cirque et du Music-Hall en France*)
troppo : corps, dos, torse (Scaliger, *troupos* : *corpus*)

tropa (germ., pop.) : *gente*
trepa, trepp (fourb.) : *folla, calca, banda, rèunione*
trepo (gerg. Ver.) : *bordello*
troppe (jargon des forains de Westphalie, XIXᵉ s.) : *Herr*

TRIMARD : « un chemin on l'appelait pellé, à présent c'est trimard » (*Arg. ref.*); « il désigne maintenant ces affranchis ambulants, en voie de disparition » (Simonin)
TRIMER : cheminer, puis travailler; « TRIMÉ razis » : cordelier (*Vie gén.*), litt. : religieux sur les routes
trom, drom, dromyer : route, chemin (du grec *dromos*)
dromengero : voyageur; DROMADAIRE : contrebandier, prostituée
tromeskero foro : Strasbourg (traduction littérale de l'allemand)
drun, dron, druné (caló) : *camino, viaje, prudencia, juicio*; *dromali* : *muletero*
dronillar (germ.) : *andar, ir en compañia*; *dronista* : *salteador de caminos* (TRIMARDEUR)
drun (cant) : *a road, highway, street*; *tramp* (XIXᵉ s.) : *a journey on foot, vagabond*; *to be on the tramp* : être sur le TRIMARD
troll, drumm (Rotw.) : *Weg, Gang*; *stromer* : *Vagabund*
trima (argot lorrain des fondeurs de cloches) : chemin
cura drùm (Malav.) : *strada secondaria*; *drum* : *tierra*

TUBE, TUBER : téléphone, téléphoner
thab : fil; *thava* : téléphoner; *rakra thab* : téléphone
tubo (arg. esp.) : *teléfono*

TUNE, THUNE, THUNARD : « l'aumosne » (*Arg. ref.*);
« pièce de cinq francs ou unité de cinq francs [...] les
Hommes ayant fait les États, gardent souvent l'habitude de désigner entre eux le dollar sous ce nom. Ils
diront "cent thunes" pour "cent dollars" [...] plus
généralement ce mot n'est plus usité aujourd'hui que
pour marquer le manque d'argent » (Simonin)
THUNER (XIXe s.) : mendier
tuna (esp. XVIIe s.) : *vida pícara y errabunda*;
(aujourd'hui orchestre d'étudiants quêtant)
galbi thulé : grosses pièces d'or (20 $ US); cf. le dou-
blet TUILE : pièce de cinq francs, grosse somme
chulé (caló) : *peso duro (moneda)*; *chulí* : *dracma*
chulé (germ., pop.) : *moneda de cinco pesetas*
tullibon rig (cant, XVIIIe s.) : *fortune-telling*
xuc, xulé (Bar.) : pièce de cinq pesetas
dourré (argot des moissonneurs du Dauphiné) : écu
de cinq francs
Marcel Schwob était donc sur la piste lorsqu'il étu-
diait le mot *caire* — voir plus haut —, dans son
Glossaire du jargon de la Coquille : « Le *cayro* de la
Germanía, qui peut-être a été employé par les gitanos,
a pu servir d'appui au mot *thune* (pièce d'argent) [...]
Dans le *Jargon de l'argot reformé*, on trouve *thune* avec
le sens "l'aumosne". Ce sens général d'*argent*, plus
tard spécialisé à la pièce de cinq francs, permet de
supposer que *thune* (Tunis) serait un dérivé synonymique de *caire* (Le Caire) — à l'époque où les bohémiens ont prétendu venir d'Égypte. Les noms facé-
tieux de duc de Tunis, roi d'Égypte, etc. auraient eu
pour point de départ des plaisanteries sur Cayro, Le

Caire et Thunes, Tunis. » Cette explication découle de sa première *Étude sur l'argot français* : « Le terme argot s'est appliqué à la confrérie des gueux avant de désigner leur langage [...] Or la cour des Miracles était divisée en quatre sections : Égypte, Boëme, Argot, Galilée. Le rapprochement de ces noms de pays orientaux suggère l'explication d'Argot par Arabie. »

argot serait plus vraisemblablement une déformation du mot gueux — qui apparaît en 1452 dans Villon et qui viendrait de l'allemand *Gauner* (escroc, filou), d'où *Gaunersprache* (langue des gueux, argot). Le *Bloch & Wartburg* donne pour étymologie à gueux, le moyen-néerlandais *guit*

quant à *Galilée*, pour appuyer cette image d'un monde étrange et étranger, il a pu être suggéré par notre ancien *galier*, ou *galoier* (plaisanter, se moquer de), dont Villon a fait si grand usage :

« Je plaings le temps de ma jeunesse,
ouquel j'ay plus qu'autre gallé. »
(Le Testament)

galuan (fourb.) : *bordello*

URF : soigné, bien fait, élégant (XIXᵉ s.)
    « c'est rupin, c'est urf, c'est joli » (Bruant)
    ur⁰f, urav, furiavav (doublet de *riv⁰, rider*, voir plus haut) : s'habiller
    bien fardao (caló, arg.) : *bien vestido* ; *fardi, farda, farga* : *ropa*
    d'où FOURAILLÉ : muni d'une arme

VACHE : policier en uniforme qui s'attire le « Mort aux VACHES ! », selon la devise d'Abadie ; sur sa bicyclette il devient VACHE à roulettes ; désigne le délateur, le traître qui risque d'être marqué de la croix des VACHES
sens général de méchanceté, sournoiserie, trahison : VACHERIE, VACHARD, peau de VACHE, en VACHE ; brutalité
VACHEMENT pour vraiment est utilisé par antiphrase ; on rencontre parfois le doublet BASQUE : « un tour de basque » est une fourberie (Oudin)
vasavo, wassedo, basjtalo : mauvais, méchant, faux, traître
vassavo, vassary (romany) : *bad, evil*
bastá, bastal (caló) : *mal* ; *basqueráa* : *alcaldada* ; *bascañi, basqueria* : *alcaldia* ; *basqueró* : *alcalde*
baschi (fourb.) : *canaglia, feccia*
vasta (gerg. Ven.) : *guardie* ; *vasellina* : *polizia, carabinieri*
bastard (slang am.) : salaud, canaille ; *bitch* : garce, salope, « peau de vache » ; *to bitch* : tromper, saboter ; *bitchy* : mauvais, méchant, « vache ».

VIOQUE, VIOC : à l'origine, longue durée, d'où vie
(attraction homonymique); aujourd'hui : vieux, âgé,
vieillard
« gerbé à vioc » : condamné à perpétuité, à vie
veko : éternité, longue durée, siècle

« Touchant le jargon, je le laisse à corriger et à explorer aux successeurs de Villon en l'art de la pinse et du croq. »

(Clément Marot, 1533.)

SUPPLÉMENT

« Ceux qui font des métiers infâmes comme les voleurs, les femmes perdues, se font gloire de leurs crimes, et regardent les honnêtes gens comme des dupes : la plupart des hommes, dans le fond du cœur, méprisent la vertu, peu la gloire. »

Vauvenargues, *Maximes retranchées*

Il faut préciser quelques points, indispensables pour comprendre l'esprit même du sujet. Dans le langage des classes dangereuses, il est un terme qui définit exactement ceux qui en font partie : c'est celui d'*affranchi*. Le mot désigne l'individu qui s'est libéré d'un esclavage en se dégageant « des contraintes de la morale commune », dit Albert Simonin. En fait, il s'est dégagé des obligations d'un travail licite, s'en tient par principe à l'écart, et va donc recourir aux autres moyens de se procurer de l'argent. Le même mot désigne tout autant l'individu que l'on a *mis au courant*, que l'on a initié au milieu, à qui l'on a enseigné un code nouveau, avec ses lois et son langage, qui reflète tout*. Le second sens ne peut d'ailleurs se concevoir sans le premier, et cette double définition éclaire tous les aspects de ce monde, d'abord marginalisé, qui s'est ensuite volontairement organisé comme tel. On ne peut le comprendre, ni donc en parler valablement, en négligeant cette double notion, essentielle. Il est indispen-

* « Franchie la frontière qui les sépare du monde des règles, les bas-fonds ne connaissent pas la censure. L'argot est fait de signes "libérés" » Jean Monod, *Les Barjots* (1968).

sable de pouvoir se placer soi-même à distance des valeurs sociales courantes, et du vocabulaire qu'elles impliquent. Ceux qui traitent de l'argot, neuf fois sur dix, vont donc se trouver très à côté du sujet.

L'argot des malfaiteurs est à l'image de leur monde : une dérision du modèle existant, et non un décalquage comme certains l'ont prétendu. « Le langage — comment pourrait-on oublier ce fait fondamental — est en rapport très étroit avec la façon de sentir, de penser et de juger [...] On parle comme on juge, et on juge comme on sent » Alfredo Niceforo, *Le Génie de l'argot* (1912). Il y a, dans l'utilisation même de l'argot, un plaisir pur qui est déjà un premier résultat, une manière de se moquer du non-initié, et donc déjà une tromperie en soi, une première étape vers la tromperie, une première satisfaction. Ceci n'est d'ailleurs pas une caractéristique des classes dangereuses, mais de tout jargon qui va de pair avec un esprit de caste. Faire partie de la Maison, de la Famille ou d'un Ordre, est en soi déjà une force, sinon un pouvoir.

L'argot des classes dangereuses est avant tout opérationnel, et c'est ce qui détermine le choix et la formation cryptologique de son vocabulaire. L'argot n'a pas de véritable cadre grammatical. C'est aussi par prudence et économie. Une phrase correctement construite a déjà un sens, en dehors du lexique. Dans la syntaxe usuelle, remplacer par exemple plusieurs mots par le phonème « schtroumpf » ne garantit pas l'hermétisme. L'argot se veut synonyme de langue « bête », inintelligent et donc inintelligible, qui échappe à la logique du langage habituel ; qui ne suit donc pas les lois de la linguistique. Les mots ne s'usent pas de la même manière, ils n'évoluent pas non plus de la même manière. Un mot, parce qu'il a été trop utilisé, peut disparaître complètement du lexique argotique pour réapparaître, un ou plusieurs siècles après, avec la même fraîcheur (*thune* en est une belle illustration). L'argot, c'est aussi la somme de tous les procédés de déformation du langage (verlan, largonji, javanais, etc.) utilisés dans un certain milieu, entre des individus qui se reconnaîtront à travers lui. L'argot, c'est *le langage travesti*. C'est par l'argot et le déguisement que Vidocq a pénétré le monde des criminels de son époque, et a depuis fait école.

Contrairement aux langages spéciaux, limités à un seul groupe, dans un même secteur, l'argot a une vocation nationale, voire internationale. « Tandis que chaque région de l'Italie a un dialecte propre, et qu'il serait impossible à un Calabrais de comprendre un Lombard, les voleurs de Calabre ont le même lexique que ceux de Lombardie. Dans les deux pays, on appelle *chiaro* le vin, *arton* le pain, *lensa* l'eau, *crea* la viande. L'argot de Marseille n'est pas autre que celui de Paris » : Cesare Lombroso, *L'Homme criminel* (1889). Selon Bernardo de Quiros et Llanas Aguilaniedo (*La Mala Vida en Madrid*), on retrouve dans l'argot des tricheurs italiens des mots de l'ancienne *germanía* espagnole « que l'internationale des vagabonds a promenée à travers l'Europe entière ». Ce n'est pas un hasard si, comme le remarque Niceforo (*op. cit.*), « les professions nomades ont des argots étendus et complexes » : « Se voi studiate il gergo dei *dritti** di

---

* Du Kalderash *Xitro, Xrito* : astucieux, malin.

piazza Guglielmo Pepe, voi ne retrovate una parte comune al gergo della malavita romana, e una parte chi è propria ai *dritti*. Questa parte speciale, propria alle *carovane*, voi la ritrovate fra i *dritti* di Milano, di Torino, e delle altre parti d'Italia, salvo, ben inteso, le modifiche dovute a influssi regionali » A. Niceforo & S. Sighele, *La Mala Vita a Roma* (1898). S'agissant d'argot roumain, Lazare Sainéan cite l'auteur d'un lexique paru en 1906, qui précisait : « Cet argot paraît remonter à une quarantaine d'années, à l'époque même de l'introduction d'une police organisée dans le pays. Un vieux voleur m'a affirmé qu'il est l'œuvre des détenus des Ocnele-Mari (nom du plus grand bagne du pays, à Bacau, en Moldavie). Ceux-ci avaient nommé à cet effet une commission, dans laquelle se trouvaient, paraît-il, des voleurs juifs, russes, bohémiens et hongrois. De là l'apport de chacun d'eux dans le vocabulaire de ce langage conventionnel : les termes des coupeurs de bourse, par exemple, y dérivent du judéo-allemand ; ceux des contrebandiers, du russe ou du magyar ; ceux des voleurs, du bohémien. » L'argot français contient, lui aussi, bon nombre de mots empruntés au yiddish*, lequel présente d'ailleurs plus d'un point commun avec la langue romani : « Il ne se compose que de vocables étrangers, mais ceux-ci ne sont pas immobiles au sein de la langue, ils conservent la vivacité et la hâte avec laquelle ils furent dérobés. Des migrations de

---

* Parmi les moins connus : *ménesse* (femme) de *main eyßes* (Rotw., *Eschi*) ; *antifle* (église) de *tifle* (m.h.-a., *tiefel* : diable) ; *traiffe et marron* (pris, fait) de *traif* (m.h.-a., *trëffan* : toucher, atteindre) et non de l'hébreu *treyfe* (impur) comme le reprend le *Larousse de l'argot*, 1990, et de *machen* (m.h.-a., *mahhon*, *machon* : faire, arranger) ; *battre* (simuler, tromper) de *batrigen* (m.h.-a., *betriegen* : tromper) ; *rif*, *rifle*, *ruffe* (feu, guerre, front, revolver) métathèse de *feier* (m.h.-a., *fÿr*, *vuir* : feu) ; etc.

peuples traversent le yiddish de bout en bout. Tout cet allemand, cet hébreu, ce français, cet anglais, ce slave, ce hollandais, ce roumain et même ce latin, est gagné à l'intérieur du yiddish par la curiosité et l'insouciance — il faut déjà pas mal de force pour maintenir des langues dans cet état. C'est aussi pourquoi aucun esprit raisonnable ne songe à faire du yiddish une langue internationale, si tentant que cela soit. Seul l'argot lui fait des emprunts, et ceci parce qu'il a moins besoin de rapports syntaxiques que de mots isolés. Et pour cette autre raison que le yiddish a été longtemps une langue méprisée. Mais au milieu de cette agitation de la langue règnent d'autre part des fragments de lois philologiques connues. Les débuts du yiddish, par exemple, remontent à l'époque où le moyen haut-allemand était en train de se transformer en haut-allemand moderne. Il y avait donc option possible entre deux formes : le moyen haut-allemand en prit une, le yiddish prit l'autre » Franz Kafka, *Discours sur la langue yiddish* (prononcé en 1912).

En ignorant le rôle et l'existence des Gitans, en particulier, on fait, en matière d'étymologie, l'erreur fondamentale de partir directement des racines grecques, slaves ou germaniques, qui sont autant d'emprunts. On s'égare alors sur l'époque de leur apparition, leur mode de transmission, et donc sur l'histoire même de l'argot, pour ne rien dire de son essence. « La estancia allí (Grecia) debió ser larga y colectiva, pués todo los dialectos europeos del *romani*, includo el caló, poseen un amplío muestrario de palabras griegas incorporadas » observe Torcuato Pérez de Guzmán dans *Los Gitanos Herreros de Sevilla* (1982). « Num livro muito curioso do seculo XVI

[...] intitulado *El Estudio Cortesano* de Lorencio Palmireno, encontra-se a seguinte passagem, em que se vê que havia fundamento para chamar gregos aos ciganos : " [...] Fingem que salieron de Egypto menor [...] pero mienten [...] Un hombre docto, año 1540 [...] hablo con elles en lengua de Egypto, dezian, que como havia mucho tiempo que eran salidos de alla, no lo entendian. Habloles en Griego vulgar, como hablan hoy en la Morea y Arcipelago, unos entendian, otros no : ansi, que pues todos no entienden, señales, que la lengua que traen es fingida, y de ladrones para encobrir sus hurtos, come la girigonça de los ciegos" » Adolpho Coelho, *Os Ciganos de Portugal* (1892). L'argot ne contient pour ainsi dire pas de mots venus directement du latin, ni même du bas-latin, contrairement au bas-grec, langue *vivante*, pratiquée par les *voyageurs* qui n'ont gardé, on s'en doute, aucun souvenir du latin appris au temps où ils faisaient leurs humanités. Villon a réservé le latin à sa poésie et non à ses ballades en jargon. Si l'argot nous est parfois parvenu écrit, il a été essentiellement construit pour être parlé, tout comme la langue des Gitans. Ainsi, la graphie même des *Ballades en jargon* de Villon fait problème. L'orthographe usuelle ne s'applique pas à des mots inconnus ; ne permet pas de les deviner. Il faut alors faire confiance au copiste qui, le premier, a affronté ce problème, qui a le premier reproduit ce qu'il a cru lire ou entendre, qui le premier interprète avec ses propres connaissances et ses propres moyens. Ici, le document n'a pas une exactitude scientifique. Il est, selon le mot de Marc Bloch, témoin malgré lui.

Partout où il y a des Gitans, il y a un argot, et tous les

argots contiennent des mots d'origine romani. Plus les classes dangereuses d'un pays donné sont étendues et organisées, plus ces mots sont méconnaissables, fondus en un argot unifié . « Il coatto* che si é esercitato ad apprendere tutto il gergo della malavita, subisce all'ultimo un esame dinanzi al suo precettore assistito dal capo di società dei camorristi e da altri due individui, che di solito sono due vecchi camorristi espertissimi nel *linguaggio zingaresco* o *boccaglio* (gergo) » Emanuele Mirabelle, *Mala Vita* (1910). Nous voyons ici à l'œuvre, plus près de nous, les fameux « Archisuppots »; de même que plusieurs argots utilisent le mot *collège* pour prison, le bagne de Brest étant dit le Grand Collège. En Espagne, « la influencia mutua de la jerga hampona y el idioma calé fue tan grande que la policía suele llamar *caló* al lenguage carcelario. Walter Starkie sostiene que en esa reunión de perseguidos y marginales los bandidos pusieron la masa y los gitanos la organisación » Torcuato Pérez de Guzmán, *op. cit.* « Il est évident que dans une grande ville maritime et commerciale comme Barcelone, l'argot ne saurait être de date récente, d'autant moins que l'élément tsigane y est représenté depuis des siècles. C'est à Barcelone que les Bohémiens apparaissent pour la première fois dans la Péninsule, en 1447 » Max-Leopold Wagner, *Notes linguistiques sur l'argot de Barcelone* (1924).

Les Gitans ont l'art des mots, comme les pauvres avaient, autrefois, celui de cuisiner les restes. « Le langage est ce que les Tsiganes ont à eux de plus caractéristique, et l'arme défensive la plus sûre dans leur vie inquiète et

---

* Condamné aux travaux forcés.

délinquante. C'est un argot ; et c'est dans les couches argotiques des autres langues que des éléments en pénètrent ; s'ils parviennent jusqu'à la langue usuelle, ce n'est que dans les couches sociales perméables aux argots » Jules Bloch, *Les Tsiganes* (1953). Le même note aussi « que c'est parmi le flot qui les a portés le plus loin — jusqu'en Amérique — que la langue est la plus conservatrice ; en Asie, au contraire, il semble que l'affinité des types sociaux locaux ait favorisé une plus grande détérioration de l'héritage indien ». « Toute l'histoire de la langue des tsiganes espagnols, de ses déformations et de ses croisements, de ses emprunts et de son influence sur le parler populaire et la langue littéraire dans les pays pyrénéens est à refaire et a besoin d'une documentation beaucoup plus vaste que celle dont nous disposons actuellement. Ce sera un travail de longue haleine, très minutieux et très fatigant mais qui promet, nous en sommes sûrs, une moisson très abondante et qui ne manquera pas d'élucider maint problème de la philologie hispanique » M.-L. Wagner, *op. cit.*

Si la langue des Gitans est, comme je l'ai dit, le prototype de l'argot, c'est que le langage secret exprime aussi ce fait qu'il y a deux peuples, étrangers et hostiles, employant la langue d'un même pays. Les Gitans sont la seule population à avoir, dans son ensemble, fait partie des classes dangereuses. Leur histoire est faite des « combats qu'ils ont livrés pour préserver leur vie nomade contre des "philanthropes" désireux d'améliorer leur sort » Jan Yoors, *Gypsies* (1966). Les Gitans sont en quelque sorte des « primitifs » ayant affronté le monde moderne avec des armes anciennes (argot, magie des mots, esprit de tribu). En définitive, leur histoire, leur mémoire, leur « écriture » sont tout entières contenues dans leur langue qui est *une langue de la lutte*, tout comme l'argot. Tous les argots se ressemblent, parce que en argot on pense de la même façon. L'argot n'a pas de climats, pas de patries, pas de frontières. Il ne fait que traduire les mêmes mots. Il est, selon Gabriel Tarde (*La Criminalité comparée*, 1886), « le signe manifeste d'un cosmopolitisme sans patrie ».

Dans l'argot, comme dans la langue des Gitans, on peut en effet observer une polarisation du vocabulaire autour de certains thèmes, tous liés d'une manière ou d'une autre à la vie des classes dangereuses. Les séries impressionnantes de synonymes, pour certains termes qui servent beaucoup, se retrouvent de part et d'autre. Les procédés de déformation phonétique et morphologique, déjà évoqués, sont employés systématiquement ; tout comme les modifications sémantiques (substitution d'un nom par sa qualité, notamment) ; les inversions du sens liées à l'inversion des syllabes (jobard/barjot) ; les déguisements des noms de villes et de pays (Canelle pour Caen, Arnelle pour Rouen) ; les surnoms (Pépé le Moco, Pepa la Bochoca) ; ou l'usage des pronoms travestis ou déformés par suffixation, inspiré des flexions du romani (*men ys, mezis, mézière, mogniasse, mognière, mon orgue, mezig* en français ; *mia madre, monarca, montagna, monelle, simone, il gobbo* en italien ; *menda, mangue* en espagnol, *my nibs, my nabs, my watch* en cant, *michels, minotes* en allemand, *muggins* en américain, etc.). Ces procédés se retrouvent en romani et dans tous les argots de malfaiteurs (ils transparaissent pour qui est attentif, et de bonne foi, dans la partie lexicale de cet ouvrage). Un autre aspect révélateur, plus significatif encore peut-être, c'est une sorte de retour au langage ordinaire quand les sujets parlent d'eux-mêmes ou qu'ils désignent leur association. Les termes employés sont ceux de *société*, *della legge*, *the family way*, *sócio*, *Kosher*, *Gesellschaft*. On est alors entre « frères », « hommes » ou « garçons » qui sont les termes les plus estimables dans le milieu. « Je suis toujours resté garçon », dit une chanson de 1880. Cet argot-là est peut-être celui qui choque le plus : « Ce mot de passe, de ralliement et d'enrôlement des filous est tout simplement une merveille. Qui donc en entendant *garçon* s'avisera de comprendre voleur, coquin ? » Louis Barron, *Paris étrange* (1883). Les Gitans ont, bien entendu, de ces mots « réservés » quand ils parlent *tchatcho* : « L'idée qu'Antonio ne fût pas sincère ne m'aborda même pas ; car il me voyait un de ses frères, un membre de la tribu errante, dont les deux principaux traits de caractère sont une haine profonde contre les *Busnès** et un attachement inaltérable envers leurs semblables » George Borrow, *La Bible en Espagne* (1845). « Au souvenir de leurs exploits, Freddy et Marco s'interpellaient mutuellement : "Oh dis donc, hé, *tchowa* !" Exclamation emphatique dont Freddy se prétendait l'inventeur. En fait, il l'avait apprise en prison. C'était une expression "manouche" (argot gitan), équivalent au : "Mon frère !" qu'il disait aussi parfois. Quand il employait cette expression, ceux de son bord savaient d'où il sortait » Jean Monod, *op. cit.*

« Il ne faut pas confondre le *langage populaire* avec l'*argot* [...]. Mais il faut reconnaître que l'argot des malfaiteurs, l'argot des prisons, entre pour une part importante

---

* L'étranger, l'ennemi.

dans la formation du langage populaire. La cause en est évidente : le crime naît plus souvent du besoin et de la misère des classes inférieures que parmi les gens qui ne manquent de rien [...]. Les frontières entre l'argot — les divers argots — et le langage populaire sont parfois difficiles à déterminer » Henri Bauche, *Le Langage populaire* (1920). « L'argot n'est pas, et n'a jamais été, si ce n'est à de très rares exceptions près, le vrai patois parisien, encore qu'il tende de jour en jour à le devenir tout à fait » Charles Nisard, *Étude sur le langage populaire* (1872).

Le langage populaire est en quelque sorte un langage charnière, lieu de rencontre et point de fusion entre le langage fermé des bandes criminelles particulières et celui, créatif-ouvert, de toute une population où sont mêlées toutes les classes dangereuses et laborieuses et où l'individu, quoique anonyme, apparaît. L'argot, lui, n'a pas d'auteur. Dans les pièces en argot de Lacenaire, ce n'est plus Lacenaire qui parle, c'est le monde des escarpes et des grinches de tous les pays. S'il y a jeu avec les mots, mais encore plus avec leur sens, la vérité est ailleurs, à l'usage des initiés, de ceux qui l'ont choisie. « Mon impression, je l'ai dit, est que l'argotier authentique n'est pas celui qui joue sur l'image et le calembour, qui lie le mot d'argot au mot de langue ordinaire, mais celui qui trouve une évidence propre à des argotismes que rien ne lie à cette dernière et dont, au contraire, de multiples déformations les séparent. L'argot forge son sens à partir d'un bricolage formel, au départ insignifiant » Jean Monod, *op. cit.*

Le passage graduel de l'argot des classes dangereuses,

qui est un langage codé, un chiffre, vers un argot populaire pourrait se résumer par cette formule simple et naturelle : *le contenu ludique croît dans l'exacte mesure où l'on s'éloigne des choses sérieuses*. Il n'y a pas de véritable division entre deux Êtres de l'argot. En passant dans la langue populaire, les mots d'argot acquièrent seulement une nouvelle jeunesse, et cela grâce aux associations d'idées qui entraînent les métaphores. Les métaphores ou les analogies argotiques sont l'équivalent de la métaphore en poésie : elles sont là pour rendre la langue vivante. Cette forme de détournement ludique donne à l'argot ce caractère populaire et bon enfant, qui masque le côté technique primitif, et en atténue du même coup la brutalité. L'arme que d'autres ont utilisée se retrouve ici désamorcée ; restent le jeu, la joute verbale, le défoulement. « J'appelle parisianismes certains mots, certains tours et certaines locutions figurées ou non, essentiellement propres au langage populaire de Paris [...]. Ces mots, ces tours, ces locutions ne sont pas de nature à être revendiqués par l'argot, quoiqu'ils aient quelquefois avec lui un air de famille. Certaines métaphores en ont peut-être le cynisme ou la violence, mais elles ont en propre, pour la plupart, cet esprit, ce pittoresque et cette allure primesautière qui font passer sur la grossièreté de la forme [...]. L'argot, plus prémédité, pour ainsi dire, plus recherché, plus travaillé [...] n'offre guère ces qualités qu'à l'occasion d'un mot isolé, d'une similitude, d'un rapprochement ou d'un quiproquo » Charles Nisard, *De quelques parisianismes populaires* (1876).

A notre époque, c'est parce que la poésie n'est plus pratiquée que certains croient la redécouvrir dans l'argot, où la part de poésie reste petite. Les métaphores sont à l'argot ce que l'image du Gitan est au Gitan.

Préface à la deuxième édition	11
Les Princes du Jargon	19
Glossaire	53
Supplément	135

DU MÊME AUTEUR

L'ESSENCE DU JARGON, Gallimard, 1994.

Impression S.E.P.C. à Saint-Amand (Cher),
le 16 janvier 1995.
Dépôt légal : janvier 1995.
Numéro d'imprimeur : 2957.
ISBN 2-07-032848-1./Imprimé en France.

68348